chte
der Karola Siegel

Ein Bericht von
Alfred A. Häsler
in Zusammenarbeit mit
Ruth K. Westheimer

Die Geschichte
der Karola Siegel

Benteli Verlag Bern

Diese Arbeit ist meinen Eltern und
Grosseltern gewidmet, die das Opfer
brachten, ihr einziges Kind und Enkelkind
in Sicherheit zu schicken, und die im
Konzentrationslager ums Leben kamen.

Ein Teil dieser Untersuchung wurde
durch finanzielle Hilfe der City University
of New York Faculty Research
Award Program ermöglicht.

© 1976 Benteli Verlag, 3018 Bern
Typographie, Satz und Druck:
Benteli AG, 3018 Bern
Printed in Switzerland
ISBN 3-7165-0082-8

Inhalt

7 Kinderzug im Morgengrauen
7 Donnerstag, den 5. Januar 1939
9 Abschied von Frankfurt
10 Schüsse in Paris
11 Kristallnacht
12 Am deutschen Busstag

14 Die verlorene Heimat
14 Zerstörte Illusionen
16 Die Vergangenheit rollt mit
18 Tage in Wiesenfeld
20 Die Schule
21 Berge, Seen und Schokolade

23 Im fremden Land
25 Wartheim
26 Sauberkeit und Ordnung
27 Dankbar sein

30 Der Weg nach Osten
31 «Liebe Karola!»
36 Litzmannstadt, Rembrandtstr. 10
37 Allein

38 Jahre der Ungewissheit

45 Hoffnung auf Erez Israel
45 Winter in Buus
48 Bericht aus Frankfurt
51 Kinder nach Palästina

52 Jahre in Langenbruck
53 Die Engherzigen
54 Aufs Leben vorbereiten
56 Zwischen Spannung und Apathie
58 Dank an einen Lehrer

59 Bedürfnis nach mehr Wissen
60 Ignaz Mandels Schule
62 Wie es damals war
64 Ein Tor fällt zu
64 Was weiter?

66 Alltag im Exil
68 «Der Weg der Liebe»
69 Zwischen Resignation und Hoffnung
71 Genug vom Heimleben
72 Zehn Tage in Zürich
73 Lieber Gott, hilf mir!

74 Freundschaft, Liebe, Beruf
75 Pfadiführerin
77 Helli
78 Am liebsten mit Kindern

80 Dann war der Krieg zu Ende
82 Der Krieg ist aus ...
82 Entscheid für Palästina
84 Auf sich allein gestellt
85 Abschied vom Wartheim
86 In Frankreich

87 Rückkehr nach 2000 Jahren
88 Im Kibbuz
90 Der Staat Israel
92 Der Krieg geht weiter

94 Der Weg ins Weite
94 Paris
95 Traum von der Sorbonne
96 Nach Amerika
97 Arbeit mit Benachteiligten
99 Professorin für Erzieher
101 Unterwegs

101 Was aus ihnen geworden ist
103 Sie blieben in der Schweiz
104 Sie leben in Israel
107 Sie leben in den USA

109 Bilanz
110 Die zweite Heimat
112 Keine vollkommenen Lösungen
113 Wurde das Mögliche getan?
114 Narben
115 Wer Bäume pflanzt ...

116 Dank

117 Achtundzwanzig Jahre danach

119 Zeitchronik

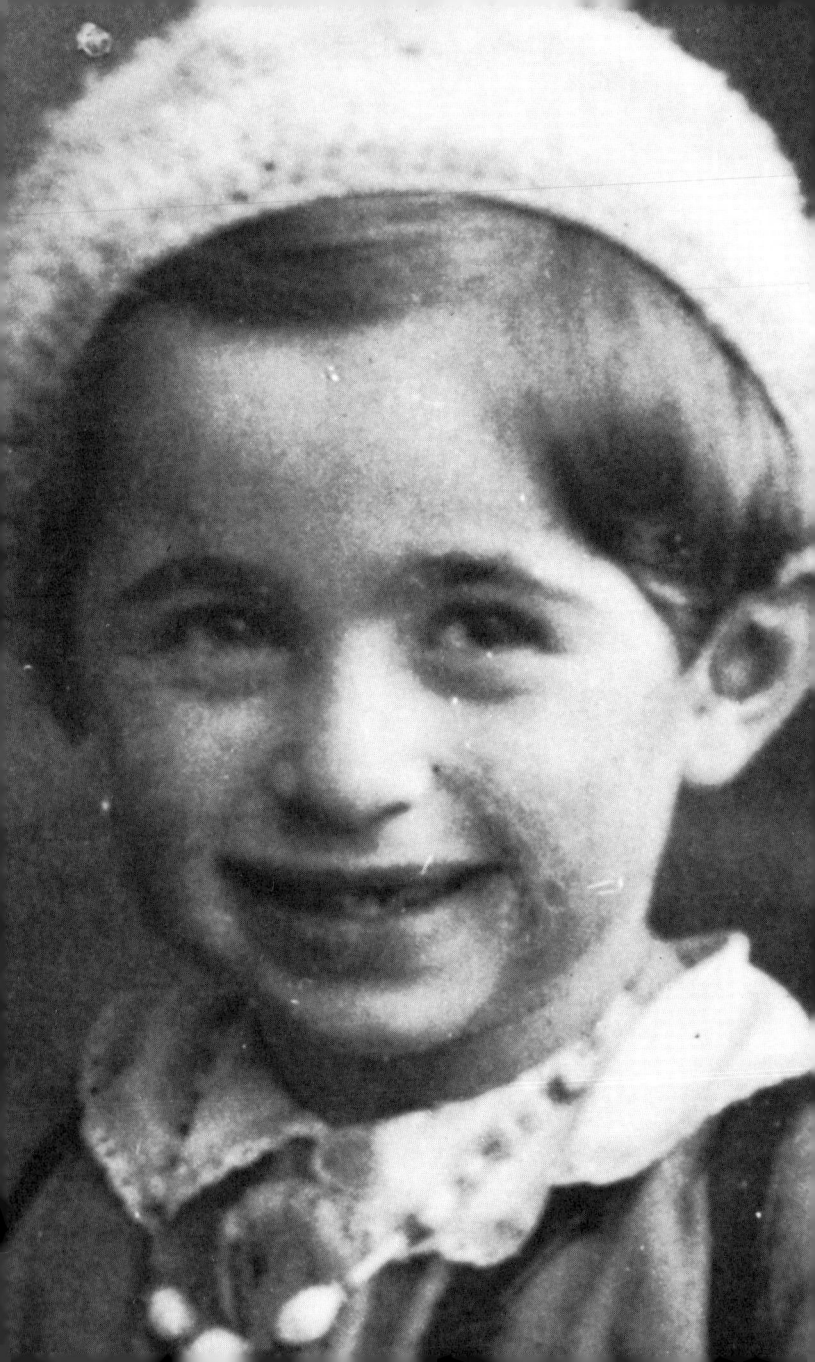

Kinderzug im Morgengrauen

Donnerstag, den 5. Januar 1939

Ein Tag wie andere in dieser spannungsgeladenen Zeit.
Oberst Beck, der polnische Aussenminister, besucht *Adolf Hitler* auf dem Berghof in Berchtesgaden. Zwei oder drei Stunden konferieren die beiden in Anwesenheit *Ribbentrops,* des deutschen Gesandten in Warschau und des polnischen Gesandten in Berlin. Sie nehmen miteinander den Tee und verabschieden sich dann sehr herzlich.
Edouard Daladier, der französische Ministerpräsident, der zusammen mit *Neville Chamberlain, Benito Mussolini* und *Adolf Hitler* am 25. September 1938 das Münchner Abkommen unterzeichnet hat, befindet sich auf einer Reise durch Nordafrika.
Der *Aufstand der Araber in Palästina* gegen die Engländer beschäftigt auch an diesem Tag die Presse. Sie meldet einen Protest *Ibn Sauds,* des Königs von Saudiarabien, bei der USA-Regierung wegen deren projüdischer Haltung. Es sei ungerecht, dass Palästina die aus andern Ländern vertriebenen Juden aufnehmen solle.
Die italienische Rassenpolitik wird verschärft. Trauungen zwischen Juden und Nichtjuden durch die katholische Kirche werden nicht mehr anerkannt. Offiziere jüdischer Herkunft, darunter zwei Admirale, ein Generalinspektor und ein Generalmajor, werden aus der Armee entlassen. Ingenieure, Architekten, Chemiker, Doktoren der Volkswirtschaft und des Handels, Sachwalter, Geometer, Industriesachverständige, Agrartechniker werden aus Rassegründen aus öffentlichen Stellen entfernt. *Popolo d'Italia,* Mussolinis Parteiblatt, bezeichnet die Juden als die «schlimmsten Weltvergifter».
Der Bürgerkrieg in Spanien tobt weiter. Franco rückt vor.
In Japan wird ein neues Kabinett gebildet.
In Frankreich werden zwei Spione für Deutschland verurteilt: einer zum Tode, der andere zu 20 Jahren Zwangsarbeit.
In Marseille ist ein Lumpensammler in seiner Baracke von Hunden aufgefressen worden.

«Inquisitions-Kammer»
Die Kristallnacht vom 9. auf den 10. November 1938 – 91 Juden ermordet, 30000 verhaftet, praktisch alle Synagogen in Brand gesteckt, 7000 Geschäfte verwüstet – war von Goebbels organisiert worden. Der «Nebelspalter» hielt diese Tatsache in einer Karikatur von G. Rabinovitsch fest. (Wir entnehmen die Zeichnung dem im Verlag Löpfe-Benz, Rorschach, erschienenen Buch «Gegen rote und braune Fäuste».)

In Bassersdorf ist der 37jährige Fritz Kobler in einer Kiesgrube tödlich verunglückt.

Oberhalb Höngen ist Frau Martha Kohler aus Balsthal im Schnee erfroren aufgefunden worden.

Infolge zunehmender staatsfeindlicher Umtriebe ist in Zürich eine neue Polizei-Offiziersstelle geschaffen worden.

Die *Neue Zürcher Zeitung* bringt ein Bild des jugoslawischen Ministerpräsidenten *Milan Stojadinowitsch* mit seiner Tochter in St. Moritz, wo der «treue Freund der Schweiz» alljährlich seine Skiferien verbringt.

Es ist ein trüber Tag. Stark bewölkt, neblig, bedeckt. In den Bergen schneit es. In den Niederungen fällt ein kalter, nieselnder Regen.

Ein Tag wie andere.

Abschied von Frankfurt

Nur für rund hundert Kinder und ihre Mütter in Frankfurt ist dieser Donnerstag nicht ein Tag wie andere.
Noch ist kaum Leben in der Stadt, als der kleine dunkle Trupp durch die schummrigen, nur matt erleuchteten Strassen vom jüdischen Waisenhaus zum Bahnhof marschiert. Buben und Mädchen, sechs Jahre alt die jüngsten, sechzehn die ältesten. Die nasse Kälte dringt durch die Kleider. Aus bleichen Gesichtern schauen dunkle Augen. Mütter und Kinder haben wenig geschlafen diese Nacht. Man sieht es ihnen an. Sie reden mit gedämpften Stimmen. Judenkinder und Judenmütter haben keinen Lärm zu machen. Sie wissen es und sie halten sich daran.
Namen werden noch einmal von einer Liste gelesen: Heinz, Manfred und Marga Schwarz aus Villingen; Margot Weil aus Emmendingen; Grete und Manfred Nussbaum aus Dahn/Pfalz; Max und Nachmann Laub, Inge und Ruth Kapp, Günther-Max Wertheimer, alle aus Mainz; Ilse und Hannelore Weil aus Freiburg; Wolfgang Hirnheimer aus Würzburg; Mathias Apelt, Alice Bacharach, Karola Siegel, alle aus Frankfurt. Und so weiter.
Der Zug steht bereit. Einsteigen. Die Fürsorgerinnen aus der Schweiz – darunter die schlanke Georgine Gerhard mit dem freundlichen Gesicht – und aus Frankfurt drängen. Koffer, Taschen, Pakete sind verstaut. Noch einmal umarmen die Mütter ihre Söhne und Töchter. Sie wissen, dass sie jetzt tapfer sein und ihren Kindern Mut zusprechen sollten. Aber der Schmerz ist stärker. Sie können die Tränen nicht zurückhalten. Wann sieht man sich wieder? Niemand weiss es. Und die Hoffnung ist nicht stark in dieser hoffnungslosen Zeit.
Die fast auf den Tag genau neun Jahre und sieben Monate alte *Karola Siegel* ist so klein, dass die Mutter sie auf den Arm nimmt. «Sei brav», sagt sie, «und lerne fleissig. Du wirst es schön haben in der Schweiz. Wir werden uns wiedersehen.» Und Grossmutter Selma, eine würdige alte Dame, küsst ihre Enkelin. «Vertraue auf die Güte des Allmächtigen.» Die gleichen Worte wird sie immer wieder in ihren Briefen scheiben. Eine grosse Ruhe geht von dieser Frau aus, so, als gäbe es keine Judenverfolgungen in Deutschland.

Langsam rollt der Zug aus dem Bahnhof. Die Kinder drängen zu den Wagenfenstern, lehnen hinaus, rufen, winken. Karola sieht ihre Mutter zur Barriere eilen. Als der Zug die Strasse überquert, winken sich Mutter und Tochter noch einmal. Das Kind wird dieses Bild nicht mehr vergessen.
Dann kehren Mutter und Grossmutter zurück in ihre Wohnung an der Brahmsstrasse 8, Parterre. Diese Wohnung wird jetzt noch trauriger sein, als sie es in den letzten anderthalb Monaten war, seit Julius Siegel, Sohn, Ehemann und Vater, abgeholt und ins Konzentrationslager Dachau verbracht wurde. Karola, der kleine Wirbelwind, wird ihnen fehlen. Sie sprechen nicht darüber. Sie gehen jede in ihr Zimmer. In solchen Stunden ist man am besten allein.
Man kann nicht ungeschehen machen, was geschehen ist. Man kann es nicht verdrängen. Man kann sich immer und immer wieder die Frage stellen, warum denn alles so kommen musste, wie es gekommen ist. Man wird darauf keine Antwort finden. Man muss es hinnehmen als Schicksal, als Willen des Allmächtigen. Hat es denn nicht in all den vergangenen Jahrtausenden die Verfolgungen und Vertreibungen der Juden gegeben, vor unserer Zeitrechnung und nach ihr? Wer zählt die Pogrome, wer die Männer, Frauen und Kinder, die ihnen zum Opfer gefallen sind? Gewiss, auch die Siegels haben sich als gute, patriotische Deutsche gefühlt. Jede Woche sind Julius und Irma zu den Versammlungen des Vereins der deutsch-jüdischen Frontsoldaten gegangen. Natürlich blieb man dem Glauben der Väter treu. Aber man war ein *deutscher* Jude; man sah ein wenig mit Verachtung auf die Ostjuden herunter. Man war sicher, dass der ganze Nazispuk wieder verschwinden würde, wie er gekommen war, vielleicht schneller als man dachte. Jetzt hiess es einfach überleben.

Die Schüsse in Paris

Im Oktober 1938 trieben die Deutschen ausgebürgerte und nicht ausgebürgerte, im Reich wohnhafte polnische Juden über die Grenze nach Polen. Die Polen wiesen alle, die nicht über einen gestempelten polnischen Pass verfügten, zurück. Mit Waffengewalt dräng-

ten sie die Vertriebenen wieder an die deutsche Grenze. Unter den schlimmsten Bedingungen fristeten siebentausend Kinder, Frauen und Männer im Niemandsland – in Zbonszyn – in einer alten Kaserne und in Pferdestallungen ein elendes Leben.
Damals war es, als die deutschen Juden den Ostjuden innerlich Abbitte leisteten.
Unter den Vertriebenen im Niemandsland befand sich das Ehepaar Grynszpan.
Am Montag, dem 7. November, vormittags um zehn Uhr, meldete sich ihr siebzehnjähriger Sohn, der in Paris bei Verwandten lebende Herschel Grynszpan, auf der deutschen Botschaft in der französischen Metropole und wünschte den Botschafter zu sprechen. Als der Botschaftssekretär *Ernst vom Rath* ihn abwies, zog Herschel eine Pistole und schoss auf den deutschen Diplomaten. Der sackte zusammen und blieb schwerverletzt liegen.
In der deutschen Presse ging alsbald eine wilde Hetze gegen das Weltjudentum, gegen Churchill, Attlee und andere westliche Politiker und natürlich gegen die deutschen Juden los. Der *Völkische Beobachter*, das *Schwarze Korps*, der *Stürmer*, aber auch gemässigtere Blätter wie die *Deutsche Allgemeine Zeitung* (DAZ) forderten und prophezeiten schwerste Sanktionen gegen die Juden.
Die DAZ schrieb: «Das jüdische Attentat in der deutschen Botschaft in Paris wird, darüber soll sich niemand täuschen, die schwersten Folgen für die Juden in Deutschland haben, und zwar auch für die ausländischen Juden in Deutschland. ... Sie dürften erbleichend erkennen, dass das in Paris gefallene Wort von den Rassegenossen sehr zweischneidig ist.»
Am Mittwoch, dem 9. November, um 17.25 Uhr, erlag Ernst vom Rath seinen Verletzungen.

Kristallnacht

Panikartiger Schrecken ergriff die Juden in Deutschland. Die Auswanderungsbüros der jüdischen Hilfsorganisationen wurden belagert. Aber ihre Aussichten, eine Einwanderungsgenehmigung für ein anderes Land zu erlangen, sanken im gleichen Masse, in dem in

Deutschland der Druck auf die Juden stieg. Die Einwanderungsquote in die USA – 27000 pro Jahr – war für 1938 längst erschöpft, Argentinien schränkte die Einwanderung ein, Brasilien hatte die Grenze geschlossen, Frankreich machte grösste Schwierigkeiten, England nahm nur noch Hausangestellte auf, Südafrika liess nur noch Verwandte von bereits eingewanderten Juden zu, Australien stellte so schwere finanzielle Bedingungen, dass nur ganz wenige Juden sie erfüllen konnten. Und die Schweiz hatte Anfang Oktober erreicht, was sie in zähen Verhandlungen angestrebt hatte: die Kennzeichnung der Pässe deutscher Juden mit dem grossen «J», die es ihr erlaubte, an der Grenze alle zurückzuweisen, die diesen Stempel, aber kein Einreisevisum hatten ...

In der Nacht vom 9. auf den 10. November 1938 brachen die nazistischen Schläger und Brandstifter auf. Die *Neue Zürcher Zeitung* berichtete: «Der Sturm begann nachts halb drei Uhr. Dunkle Gestalten durchzogen die Strassen. Die Polizei blieb unsichtbar.»

In dieser fürchterlichen Nacht gingen sozusagen alle Synagogen in Deutschland in Flammen auf. «Unter den mehr als tausend jüdischen Ladengeschäften der Viermillionenstadt (Berlin) gibt es kein einziges, das nicht in einen Trümmerhaufen verwandelt ist ... Die Vandalen haben ganze Arbeit geleistet ... Nach den Vorgängen des heutigen Tages herrscht der Eindruck, dass die Juden vogelfrei geworden sind.» (NZZ, 11. November 1938, Morgenausgabe.)

7000 jüdische Geschäftsbetriebe und Wohnhäuser in ganz Deutschland wurden zerstört. Radioapparate, Kunstgegenstände, Möbel, Textilien, Lebensmittel im Werte von vielen Millionen Reichsmark wurden in dieser von oben dirigierten Zerstörungsorgie vernichtet. 91 Juden wurden getötet, 30000 verhaftet, viele misshandelt und in Konzentrationslager eingewiesen.

Am deutschen Busstag

Am Abend des 9. November war Karola mit ihrem Vater Julius Siegel zur Synagoge gegangen. Auf dem Wege hatte ein Bekannter den Vater angesprochen: «Du musst weg. Du bist in Gefahr.»
Am 12. November wurde den deutschen Juden eine Busse von

einer Milliarde Reichsmark auferlegt. Die von den Nazis angerichteten Schäden mussten die Juden selbst bezahlen. Ihre Versicherungsansprüche wurden zugunsten des Reiches beschlagnahmt. Die jüdischen Geschäftsinhaber wurden gezwungen, grosse Geldbeträge zu hinterlegen, um die Löhne der arbeitslos gewordenen «arischen» Angestellten für einige Monate zu bezahlen! Die Inhaber der Leipziger Bekleidungsfirma Bamberger & Hertz, deren Geschäft von den Nazi-Horden in Brand gesteckt worden war, wurden verhaftet und unter Anklage gestellt – wegen Brandstiftung und Versicherungsbetruges!
Am Mittwoch, dem 16. November 1938 – es war der deutsche Busstag –, läutete es früh um sechs Uhr bei der Familie Siegel an der Brahmsstrasse 8. Karola hatte es sich im «Gräbele» im Bett zwischen den Eltern bequem gemacht. Hier fühlte sie sich geborgen. Die Eltern schreckten auf. Der Vater zog sich notdürftig an und öffnete. Gestapo in schwarzen, glänzenden Stiefeln. Sie waren nicht brutal. Als Karola zu weinen anfing, sagten die uniformierten Männer: «Der Vater wird zurückkommen.» Dann nahmen sie ihn mit. Er stieg in den Lastwagen vor dem Haus, in dem schon andere Juden der Gegend Platz genommen hatten. Dann fuhren sie davon. Karola konnte nicht wissen, dass sie ihren Vater zum letztenmal gesehen hatte.

Den Frieden für eine Generation gerettet zu haben meinte Premierminister Chamberlain nach dem Münchner Abkommen im Herbst 1938. Ein Jahr später brach der Zweite Weltkrieg aus. Bild v. l. n. r.: Chamberlain, Daladier, Hitler, Mussolini, Ciano.

Die verlorene Heimat

1933 zählte man im Deutschen Reich 550 000 deutsche Juden – neun auf tausend «arische» Deutsche. Rund 175 000 waren im Handel und im Bankwesen tätig, 92 000 davon als Selbständigerwerbende. Unter den Rechtsanwälten waren 16,3 Prozent, unter den Ärzten elf, unter den Schriftstellern und Journalisten fünf und unter den Bankiers 34,3 Prozent Juden. 3000 Juden besassen eigene Bauernhöfe. Einer von ihnen war Karola Siegels Grossvater, Moses Hanauer in Wiesenfeld, im bayrischen Unterfranken.
In 140 Städten und Dörfern Deutschlands gab es jüdische Elementarschulen, in denen 12 600 von insgesamt 56 000 schulpflichtigen Kindern jüdischer Eltern unterrichtet wurden. Verschiedene Städte besassen höhere jüdische Religionsschulen. Rabbinatsschulen zählte man drei.
Die Vaterlandsliebe des deutschen Judentums und seine seit Moses Mendelssohn (1729–1786) ständig gewachsene und vertiefte Verbundenheit mit allem, was Deutschland ausmachte, liessen es den Charakter der Barbarei der braunen Horden allzulange unterschätzen. Deutsche Juden konnten und wollten nicht glauben, dass im Deutschland Lessings, Goethes und Thomas Manns möglich sein sollte, was dann Wirklichkeit geworden ist.

Zerstörte Illusionen

Den befohlenen und vom Volk befolgten Boykott vom 1. April 1933 nahmen sie als ein vorübergehendes Ereignis hin. Die Aufhebung der bürgerlichen Gleichberechtigung durch die Nürnberger Rassengesetze vom 15. September 1935 erschien ihnen als eine zwar ungeheuerliche, aber gerade deswegen kaum dauernde Massnahme eines wahnwitzigen Regimes, das sich über kurz oder lang selber zerstören würde.
Ein jähes Erwachen Zehntausender Juden bewirkte die Kristallnacht vom 9. auf den 10. November 1938. Und als am 4. Juli 1939 der Begriff «deutscher Jude» ausgelöscht und an seine Stelle «Ju-

den in Deutschland» gesetzt wurde, ahnten viele, dass die Trennung der Juden vom Reich jetzt mehr als nur eine Befürchtung war. Denn Deutschland, soweit es nicht selbst in die Emigration gegangen war, schwieg zu dieser mitten im zwanzigsten Jahrhundert in einem der zivilisiertesten und kultiviertesten Staaten der Welt sich mit teuflischer Perfektion abrollenden Verfolgung und Vernichtung einer Minderheit, die Unendliches zu seinem eigenen Ruhme und zu seiner Grösse beigetragen hatte, und die sich diesem Deutschland wohl ebenso – in vielen Fällen mehr – verpflichtet fühlte als seiner eigenen Tradition und Geschichte.
Die Nacht vom 12. auf den 13. Februar 1940 besiegelte diese von Hitlers Mordbanden und seinen Verbündeten vollzogene Trennung, als tausend jüdische Männer, Frauen und Kinder und die Insassen der beiden jüdischen Altersheime in Stettin von einer Stunde auf die andere deportiert und «einem unsagbar schauerlichen Tod» entgegengeführt wurden. Was dann in den Todeslagern Dachau, Majdanek, Auschwitz, Treblinka in den drei letzten Kriegsjahren geschah, war das endgültige Ende der «tausendjährigen Geschichte des deutschen Judentums», das Leo Baeck, der Präsident der «Reichsvertretung der deutschen Juden», die dann in «Reichsvertretung der Juden in Deutschland» umbenannt und am 10. Juli 1943 polizeilich geschlossen wurde, schon 1933 vorausgesagt hatte. *Hermann Levin Goldschmidt,* dessen Buch *Das Vermächtnis des deutschen Judentums* wir diese Entwicklung entnehmen, zitiert Leo Baecks Ansprache, die er am 4. Dezember 1945 zu seiner Begrüssung in New York hielt: «Für uns Juden aus Deutschland ist eine Geschichtsepoche zu Ende gegangen. Eine solche geht zu Ende, wenn immer eine Hoffnung, ein Glaube, eine Zuversicht endgültig zu Grabe getragen werden muss. Unser Glaube war es, dass deutscher und jüdischer Geist auf deutschem Boden sich treffen und durch ihre Vermählung zum Segen werden könnten. Dies war eine Illusion – die Epoche der Juden in Deutschland ist ein für allemal vorbei.»
Unter diesem Hintergrund auch ist die Geschichte der Karola Siegel – die noch nicht zehn Jahre alt war, als sie ihre Heimat verlassen musste –, ihrer Eltern und Grosseltern und all jener andern Eltern und Kinder zu verstehen, die am 5. Januar 1939 Frankfurt

verliessen, um in der Schweiz keine Heimat, sondern nur eine Zwischenstation auf der zwangsweise begonnenen Lebensreise zu finden.

Die Vergangenheit rollt mit

Ganz still – so völlig gegen ihr Temperament und ihre Gewohnheit – sitzt die kleine Karola Siegel in der Ecke eines Zugabteils. Aus verschleierten Augen schaut sie aus dem Fenster. Aber sie nimmt weder Häuser noch Bäume noch Strassen und Menschen wahr, die da an ihr vorbeiflitzen. Nur manchmal streifen ihre Gedanken die Schweiz, fragt sie sich, wie es sein wird. Ihre Gedanken sind in Frankfurt geblieben.
Sie denkt an Chanukka, das acht Tage dauernde jüdische Lichterfest, das am Abend des 24. Kislev beginnt und am 2. Tevet endet. Wie oft hat Grossmama Selma ihr die Geschichte erzählt vom Aufstand der Makkabäer, der den Juden im zweiten Jahrhundert vor unserer Zeitrechnung die Freiheit brachte, von der Neuweihe des Jerusalemer Tempels im Jahre 165 oder 164 vor unserer Zeit, und wie seit damals zur Erinnerung und zum Dank für die Wunder und Heilstaten jeder Familienvater am ersten Abend des Chanukka ein Festlicht, am zweiten zwei Lichter und so weiter anzündet. Zum erstenmal hat der Vater im vergangenen Dezember die Lichter nicht angezündet. Diesmal musste sie, Karola, diese feierliche Handlung tun. Aber es war kaum Freude dabei. In den Dank mischte sich die Trauer, und das Licht der Kerzen hatte noch nie so wenig Helle verbreitet.
Sie denkt an den Vater, an jenen schrecklichen Morgen des 16. November. Sie sieht ihn zur Haustüre hinausgehen, ein wenig gebückt, klein, schlank. Hinter ihm die Gestapo-Männer, gestiefelt und lackiert. Vor dem Lastwagen dreht er sich noch einmal um, hebt zögernd den Arm, winkt, Schmerz liegt in seinen Augen hinter den Brillengläsern. Der Schnurrbart bewegt sich ein wenig, als Vater zu lächeln versucht. Dann steigt er zu den andern. Der Motor heult auf. Der Wagen verschwindet. Hinter den Fenstern der umliegenden Häuser ahnt man die Gesichter der Zeugen dieser frühen Verhaftung.

Karola denkt zurück, so weit sie kann. Ja, früher, da ging der Vater fast jeden Tag auf Reisen. Vom früh verstorbenen Grossvater hatte er ein Kurzwaren-Engros-Geschäft geerbt. Ein Zimmer der Wohnung war vollgestopft mit diesen Kurzwaren. In der Provinz nahm er Bestellungen von den Detaillisten auf. Aber das Geschäft ging immer schlechter. Dann musste er es ganz aufgeben. Dann wurde er Gärtner und besorgte den Friedhof der jüdischen Gemeinde.

Karola kann sich an das Frühjahr 1933 erinnern. Am 20. März feierten sie Vaters Geburtstag. Er war gerade dreiunddreissig Jahre alt geworden. «Hitler», hatte jemand gesagt – war es der Vater gewesen? –, «der wird sich nicht lange halten.» Einen Tag darauf hatten die in Berlin den «Tag von Potsdam» gefeiert mit dem alten Hindenburg. Am 1. April wurden alle Juden gehörenden Geschäfte boykottiert. Auf der Strasse wurden Juden angerempelt.

Jeden Freitagabend nahm der Vater Karola mit in die Synagoge. Und sie wusste dann, dass er gerade soviel Geld in der Westentasche mit sich trug, dass er ihr ein Eis kaufen konnte. Während des Schabbes tragen fromme Juden kein Geld bei sich. Und jeden Freitagabend ging er auch ins Gagern-Spital, um mit neun Kranken Minjan zu beten – zu diesem Gebet gehören zehn Männer. Julius Siegel war der zehnte.

Er war ein frommer Mann. Manchmal konnte er aufbrausen. Aber er war nie lange zornig, und nie trug er andern etwas nach.

Die Grossmutter war eine tief religiöse Frau. Immer hatte sie viel Zeit gehabt für Karola. Jeden Sonntagvormittag waren sie zusammen in den Palmengarten gegangen. Die Grossmutter hatte Geschichten aus der Bibel, aus dem Midrasch und aus ihrer Kindheit erzählt. Schön war es gewesen, an ihrer Hand durch den Park zu gehen und ihr zuzuhören.

Karola denkt an die Mutter, eine stille, von einem nervösen Leiden geplagte Frau. Jeden Abend hat sie sich zu Karola ins Bett gelegt, bis sie eingeschlafen ist.

Vor zwölf Jahren hat der Vater die Irma Hanauer aus Wiesenfeld geheiratet. Am 27. Oktober letzten Jahres haben sie alle zusammen noch Mutters Geburtstag gefeiert. Siebenunddreissig Jahre ist sie geworden.

17

Tage in Wiesenfeld

Wiesenfeld. Dort ist Karola zur Welt gekommen. Am 4. Juni 1928. Den elften Geburtstag wird sie ohne Eltern und Grosseltern feiern. Zum erstenmal. Ein Jahr, ihr erstes Jahr, ist sie mit der Mutter in Wiesenfeld geblieben, bei Moses und Paulina Hanauer, ihren Grosseltern. Jeden Freitagabend vor Schabbes-Beginn ist der Vater aus Frankfurt nach Wiesenfeld gekommen. Nach einem Jahr ist sie dann mit der Mutter nach Frankfurt gezogen, an die Brahmsstrasse 8, Parterre. Aber jedes Jahr verbrachte sie die Ferien auf dem Bauernhof des Grossvaters in Wiesenfeld. Er war kein grosser Bauer, und kein reicher. Er nahm Vieh von andern gegen Geld in Fütterung. Aber manchmal wurde er nicht bezahlt, und er liess es gerade sein. Er war von kleiner, gedrungener Gestalt. Er hatte sehr gütige Augen und eine grosse Beule am Hinterkopf – eine «Erinnerung» an den Ersten Weltkrieg. Die Leute in Wiesenfeld, das weiss Karola noch, haben Moses Hanauer gern gehabt – bis sie nicht mehr durften.
Paulina Hanauer, die Grossmutter, war eine fröhliche Frau. Sie war aus Berlin und aus einem «besseren Hause». Sie sah gut aus. Im Dorf munkelte man, die Männer hätten sie gern gesehen und sie die Männer auch.
Dann waren da noch drei Brüder der Mutter und zwei Schwestern. Karola war das einzige Enkelkind. Entsprechend wurde es verwöhnt. Man nahm es dem Mädchen kaum übel, wenn es die Gänse von Moses Hanauer aus ihrem Gehege entliess, so dass sie nachher im ganzen Dorf zusammengesucht werden mussten. Alle schenkten Karola etwas, Süssigkeiten, Puppen, immer wieder Puppen.
Karola lächelt jetzt. Sie drückt die grosse Puppe, die sie mit auf die Reise genommen hat, fest an sich, küsst sie, als wäre sie ihr Kind.
Und der Zug fährt und fährt. Darmstadt. Heidelberg. Karlsruhe.
Einmal haben die Schulkameradinnen Karola, weil sie so klein war, in eine Mülltonne gesteckt. Das war in der Pause. Sie haben die Mülltonne zugedeckt, und dann haben sie Karola vergessen. Erst als die Lehrerin fragte: «Wo ist denn Karola?», erinnerten die Mädchen sich und befreiten die weinende Kleine aus ihrem ungemütlichen Gefängnis.

Im Bauernhaus der Grosseltern Moses und Pauline Hanauer in Wiesenfeld wurde Karola Siegel geboren. Später verbrachte sie oft ihre Ferien in Wiesenfeld. Sie gehören zu ihren schönsten Kindheitserinnerungen.

Die Schule

Sie denkt an den Frühling 1934. Sie war fünfdreiviertel Jahre alt. Zu jung und zu klein für die Schule. Aber sie will in die Schule. Tage vorher stolziert sie mit ihrer Tasche, mit Griffelschachtel, Tafel und Schwamm herum. Vier Wochen nach Schulbeginn kommt der Schularzt, um die Mädchen zu untersuchen. Als Karola an die Reihe kommt, stutzt er: Wie kommt dieses Mädchen in die Schule? Aber als Karola ihm schnell und richtig vorrechnet und mit Bestimmtheit erklärt, dass sie reif für die Schule sei, lässt er sie bleiben.

Es war die Samson-Raphael-Hirsch-Schule, die jüdische Oberschule für Mädchen, so benannt nach dem bedeutenden Vertreter einer orthodox-religiösen Richtung des Judentums und Bibelübersetzer Samson Raphael Hirsch (1808–1888). So hat Karola nie eine deutsche Schule besucht – und war damit den antisemitischen Verfolgungen in den öffentlichen Schulen entronnen.

Karola mit ihren Eltern Irma und Julius Siegel anfangs der dreissiger Jahre.

Sie war eine gute Schülerin gewesen. Der Vater war stolz auf sie. Er lernte mit ihr. Am Anfang hatte er sie mit seinem Fahrrad zur Schule gebracht. Dann wollte sie allein gehen, weil sie unterwegs immer eine Tante besuchte, die ihr Süssigkeiten zusteckte.

Im Frühling 1938 war sie in die Realschule, das Gymnasium, übergetreten. Ihr Wissensdurst war ungeheuer. Lernen, neue Welten entdecken – nie bekam sie davon genug. Und nun?

Berge, Seen und Schokolade

Ende November war der Bericht gekommen, dass dreihundert jüdische Kinder aus Deutschland in die Schweiz fahren könnten, für sechs Monate, bis die Eltern ihre Ausreise aus der ungastlich gewordenen Heimat bewerkstelligt hätten. Mutter und Grossmutter meinten, Karola solle fahren. Die Grossmutter sagte: «Man muss wenigstens die Kinder retten.»

1934 am ersten Schultag.

Karola wollte bleiben. «Ich will nicht weg von euch.» Die Grossmutter, die Mutter und die Verwandten sagten: «Du weisst gar nicht, wie schön die Schweiz ist. Da gibt es Berge und Seen und viel Schokolade.» Karola schüttelte den Kopf. «Ich will bei euch bleiben.»
Da kam ein Brief des Vaters aus Dachau. Er schrieb: «Es würde mir hier viel helfen, wenn Karola in die Schweiz fahren würde.» Jetzt willigte das Mädchen ein.

Frankfurt, den 2.12.38.

Bescheinigung:

Die Schülerin *Karola Siegel 10* Jahre alt, ist heute von mir untersucht worden. Krankheitserscheinungen auf körperlichem oder seelischem Gebiete sind *nicht* festgestellt worden. Rachen- und Nasenabstrich auf Diphtheriebazillen ist gemacht; das Ergebnis wird beigefügt.

Dr. med. Arnold Merzbach
Nervenkrankheiten
G. S. v. Rothschildsches Hospital

Zur ärztlichen Behandlung ausschliesslich von Juden berechtigt.

Schulgesundheitsdienst der Samson-Raphael-Hirsch-Schule und Israelitischen Volksschule Frankfurt/Main.

Arnold Merzbach

Am 2. Dezember 1938 bescheinigte der «zur ärztlichen Behandlung ausschliesslich von Juden» berechtigte Arzt Dr. med. Arnold Merzbach, dass bei Karola «Krankheitserscheinungen auf körperlichem oder seelischem Gebiet *nicht* festgestellt worden» seien.
Der Zug fährt und fährt. Offenburg. Freiburg.
Was wird mit dem Vater geschehen? Werden sie ihn freilassen? Werden Vater und Mutter auswandern? Und die Grossmutter in Frankfurt? Und die Grosseltern in Wiesenfeld? Werden sie das Haus allein lassen? Und die Gänse? Die Kühe? Die Katzen?
Wie schön war doch der Frühling in Wiesenfeld, und der Sommer, wenn das Korn reif wurde, in dem man sich so gut verstecken und so wundervoll träumen konnte.
Und der Zug fährt und fährt.
Karola hat eine Freundin gefunden, die sie schon aus Frankfurt kennt. Das tröstet.

Dreihundert Kinder hat die Eidgenössische Fremdenpolizei dem Schweizerischen Hilfswerk für Emigrantenkinder bewilligt. Dreihundert von zwölftausendsechshundert. Gegen hundert sitzen im Zug von Frankfurt Richtung Schweiz.

Im Dezember 1938, kurz vor der Ausreise in die Schweiz.

Im fremden Land

Gegen Mittag fuhr der Zug in Basel ein. Die älteren Kinder, die Vierzehn- bis Sechzehnjährigen – sie machten rund die Hälfte der «Frankfurter» aus – blieben hier. Sie würden zunächst in einem für sie bereitgestellten Haus untergebracht werden.
Es gab heissen Kakao und etwas Kleines zu essen. Dann fuhren die Jüngeren, die Sechs- bis Vierzehnjährigen, weiter.
Immer noch regnete es. Graue Wolken verhüllten Hügel und Berge, und die Dörfer und Städte mit den fremd klingenden Namen machten einen recht trostlosen Eindruck. Die Schweizer sprachen ein merkwürdiges Deutsch, rauh und holperig. Man musste sich erst dran gewöhnen.

In Rorschach stieg das knappe halbe hundert Kinder in einen andern Zug um. Am späten Nachmittag kamen sie in Heiden an. Sie marschierten durchs Dorf. Frauen, Männer und Kinder musterten das Züglein fremder Buben und Mädchen, die da mit grossen Augen aus ernsten Gesichtern blickten und mit Koffern und Paketen unter den Ärmchen zum Kinderheim «Wartheim» schritten. Es waren durchwegs freundliche, teilnehmende Menschen, die da vor die Häuser traten oder hinter Fenstern die weissen Vorhänge beiseite schoben. Sie wussten, woher diese jungen Flüchtlinge kamen. Sie wussten, was in Deutschland in der Kristallnacht geschehen war. Mit Entsetzen hatten sie die Berichte in ihren Zeitungen gelesen, die von keiner Zensur bevormundet waren. Sie wussten, was dort drüben, nur wenige Kilometer von Heiden, sich abspielte. Tag für Tag sahen sie hinüber in jenes Deutschland, das sich so ganz und gar verändert hatte. Sie erinnerten sich an die Flüchtlinge, die im Frühling 1938 nach dem Anschluss Österreichs unten im Rheintal an die Schweizer Grenze drängten – und in den meisten Fällen zurückgewiesen wurden. Zorn hatte sie damals übermannt und Scham über die Härte, mit der wir unsere Grenze gegen Unschuldige, Wehrlose und Verfolgte verteidigten.

«Bö» – Carl Böckli, der mutige und treffsichere Karikaturist, Versemacher und Redaktor des «Nebelspalters», wohnt in Heiden. Was er zur Entlarvung der nazistischen Barbarei geleistet hat, bleibt unvergessen.

Und mitten unter ihnen wohnte *Carl Böckli,* der berühmte *«Bö»,* Karikaturist und Redaktor des *Nebelspalters,* der in der vordersten Linie gegen den barbarischen Nazigeist kämpfte und deshalb längst auf der Schwarzen Liste der braunen Säuberer verzeichnet war. Ja,

die Heidener wussten Bescheid, und darum gehörte ihre Sympathie jetzt dem ausgestossenen Häuflein Judenkinder, den unschuldigsten unter allen unschuldigen Opfern des grössenwahnsinnig gewordenen Tyrannen jenseits der Grenze.
Nie in all den kommenden Jahren hörten die Kinder aus Frankfurt auch nur ein antisemitisches Wort von Leuten aus dem Dorf.

Wartheim

Der grosse Gebäudekomplex des Kinderheimes *Wartheim* liegt etwas ausserhalb des eigentlichen Dorfes. Ein zweiteiliger Holzbau mit einem Haus in Appenzeller Bauart und einem Flachdach-Haus. Im Haupthaus, es war das schönste und besteingerichtete, waren Ferienkinder untergebracht und Kinder, die ständig im Heim wohnten. Den Neuankömmlingen aus Frankfurt wurde das einfachere Nebenhaus zugewiesen. Später durften sie dann ins Haupthaus umziehen.
«Guten Tag, guten Tag! Ich heisse Karola und komme aus Frankfurt.» So führte Karola sich bei den Schweizern gleich selbst ein.
Dann bezogen die Kinder ihre Zimmer, immer je ein paar Mädchen und ein paar Buben zusammen.
Wartheim.
War das nicht ein symbolträchtiger Name? Hier sollten sie nun warten, bis ihre Eltern Deutschland verlassen und in ein anderes Land einwandern konnten. Wann würde es soweit sein? Noch hatten ja praktisch alle Kinder ihre Eltern, wenn auch die Väter fast durchwegs verhaftet waren und im Konzentrationslager sassen. Sechs Monate hatten die Schweizer Behörden bewilligt. Bis dann sollte alles geregelt sein mit der Auswanderung.
Auch die Kinder hofften es. Zu plötzlich waren sie herausgerissen worden aus zwar gefährdeten, aber vielleicht gerade auch deshalb beschützenden Familien. Nicht zerrüttete Familienverhältnisse, nicht der Tod des Vaters oder der Mutter hatten sie ins Kinderheim gebracht, sondern die Politik einer Regierung, die diese Kinder nicht begreifen konnten. Wie sollten sie das Unglück verstehen, das da von einer Stunde auf die andere über sie hereingebrochen war? Wie

sollten sie bewältigen, was selbst die Erwachsenen mit dem Verstand nicht zu bewältigen vermochten? Ahnten sie, dass für sie ein völlig neues Leben begonnen hatte? Dass nie mehr sein würde, was gewesen war?
Sechs Monate Schweiz hatte der Bundesrat ihnen zugestanden.
Als sie das *Wartheim* und die Schweiz verliessen, waren mehr als sechs Jahre vergangen. Die Kinder, die noch Vater und Mutter oder auch nur einen Elternteil besassen, konnte man an den Fingern einer Hand abzählen.

Sauberkeit und Ordnung

Im Heim hat alles seine Zeit und seine Ordnung. Es kann nicht anders sein. In den Ferien nicht und nicht während der Schulzeit.
Karola hat ihren Tageslauf in ihrem Tagebuch beschrieben.
«*Ferien:* Um sechs einviertel Uhr kommt Hannelore und weckt mich. Dann gehen wir zusammen in die Kolonie (Ferienkinder aus der Schweiz). Zuerst stellen wir im Saal Bänke herunter, dann gehen wir in die Säle und helfen Betten machen. Wenn wir damit fertig sind, gehen wir in den Waschraum und helfen ‚strählen'. Danach gehen wir zum Kaffee. Nach dem Kaffee hole ich mir einen Eimer Wasser in der Küche und einen Besen und kehre in der Kolonie den Gang und die Klos. Danach wasche ich alles aussen herum ab, und zum Schluss mache ich die Klos. Wenn ich damit fertig bin, putze ich den Boden feucht auf. Am Freitag mache ich das alles gründlich. Bin ich mit meinem Amt fertig, so gehe ich hinauf zu Hannelore, und wir machen zusammen die Schlafzimmer. Dann ist es elf einzweitel Uhr, und wir essen. Nach dem Essen gehe ich, wenn es schönes Wetter ist, schwimmen. Um drei Uhr komme ich nach Hause und dann flicke ich. Am Abend helfe ich in der Kolonie Kinder waschen, und nach dem Essen putze ich Schuhe. Alle meine Ämter gefallen mir prima.
Mein Tagesablauf während der Schulzeit: Morgens stehe ich um einzweitel sieben auf. Dann mache ich mich fertig. Um sieben Uhr werden die Kinder geweckt. Dann habe ich zu tun bis um einzweitel acht. Dann gibt es Kaffee. Nach dem Kaffee mache ich mit

Max Tischordnung. Dann gebe ich – bei schlechtem Wetter – den Kleinen etwas zum Spielen. Danach gehe ich in den Zwischenstock und putze mit Grete. Dann habe ich Schule. Nach der Schule putze ich den Saal, und dann gehe ich die Kleinen kämmen. Nach dem Essen bringe ich die kleinen Mädels ins Bett. Dann habe ich Schule bis um fünf. Um einzweitel sechs kehre ich den Saal, und dann gehe ich Kinder waschen oder stopfen, wenn nicht gewaschen wird. Nach dem Essen bringe ich die Kinder ins Bett und um einzweitel acht gehe ich ins Bett.»
Es werden speziell Arbeitsgruppen gebildet für Putzen, Waschen und Bügeln.
Stets ist das *Wartheim* auf Hochglanz poliert. Es macht einen tadellosen Eindruck. Wenn die Damen vom Hilfswerk in Zürich nach Heiden kommen, übersehen sie diese vorbildliche Sauberkeit und Ordnung nicht. Sie wissen solche Leistung gerade in diesen Zeiten, da der Antisemitismus auch in der Schweiz sich lärmend bemerkbar macht, zu schätzen. Und wenn sie die Kinder fragen, wie es ihnen hier oben gefalle, dann sagt jedes ohne Ausnahme, dass es ihm sehr gut gefalle.

Dankbar sein

Wie kämen sie auch dazu, etwas anderes zu sagen? Denn es ist wahr: Es geht ihnen gut. Sie haben ein Dach über dem Kopf, sie haben gut und genug zu essen, sie sind sauber und anständig gekleidet. Und vor allem: Sie sind hier in Sicherheit. Sie sind gerettet. Sie sind Privilegierte. Zehntausende jüdische Kinder in Deutschland und ihre Eltern wären glücklich, wenn sie in der Schweiz sein dürften.
Die Kinder wissen das. Immer ist es ihnen gegenwärtig. Immer wieder hören sie es. Es liegt fast hörbar in der Luft, und jeden Tag wieder sagen sie es sich selbst: «Du musst dankbar sein, dass du hier sein darfst!» Und die Eltern schreiben es in jedem Brief: «Sei brav und mache den Leitern Freude.» Nie rebellieren sie gegen irgend etwas, auch nicht gegen Ungerechtigkeiten. Schon der Gedanke einer Widerrede, einer Klage erfüllt sie mit Schuldgefühlen.

Als eine Leiterin – sie ist selber Emigrantin aus Deutschland – den Kindern einmal, wild hin- und herlaufend, zuschreit: «Eure Eltern sind Schlangeneltern, dass sie euch weggegeben haben. Wenn ich ein Kind hätte, würde ich es nie weggeben!», sind sie zutiefst schockiert. Wie kann eine Frau, die selber Deutschland aus Rassegründen verlassen musste, so etwas sagen! Karola wird später verstehen, dass diese Frau, damals vierzig Jahre alt, unverheiratet, mit persönlichen Problemen belastet, unfähig war, den Kindern das zu geben, was sie jetzt besonders brauchten: Liebe und Verständnis. Aber vergessen wird sie es nie.

Und sie kann nie vergessen, dass diese Leiterin sie zwang, ihren Eltern zu schreiben, sie sei Bettnässerin geworden! Was wusste diese Leiterin von den Ursachen des Bettnässens bei einem Kind, das aus der gewohnten Umgebung herausgerissen wurde? Was wusste sie von den Seelenqualen eines Mädchens, das seinen bedrängten und gefährdeten Eltern mit diesem Brief nur neue Sorgen machte, sie in Angst versetzte, ob Karola wohl in der Schweiz bleiben könne? Was wusste sie, was sie den Kindern antat, indem sie alle ihre Briefe las und damit verhinderte, dass die von ihren Eltern getrennten Buben und Mädchen wirklich ihr Herz ausschütten konnten? Sagen konnten, dass sie oft Heimweh hatten? Und was wussten die Damen in Zürich von diesen Dingen?

«Du musst dankbar sein!»

Ja, das mussten sie. Und das riefen sie sich in den Nächten leise immer wieder selber zu, wenn sie ihre seelischen Versehrungen in die Kissen weinten.

Wenn Karola hinübersah zum anderen Ufer des Bodensees, wo

Drücket ein Kummer und naget ein Schmerz, vertraue auf die Güte des Allmächtigen und leicht wird das Herz.

Wenn Karola von Heimweh und andern Sorgen übermannt wird, erinnert sie sich an den Spruch, den Grossmama Siegel aus Frankfurt ihr in einem Brief geschrieben und den das Kind in sein Tagebuch aufgenommen hat.

Deutschland lag, das ihre Eltern nicht herüber- und die Schweiz nicht hereinliess, dann stiegen Fragen mit würgender Hartnäckigkeit auf: Warum bin ich in die Schweiz gegangen? Warum bin ich nicht bei meinen Eltern geblieben?
Wenn ich geblieben wäre, hätte ich sie retten können. Warum überlebe ich, während andere sterben müssen?
Und die Antwort lautete dann: Ich darf mich nicht beklagen. Ich darf mein Schicksal nicht so ernst nehmen. Ich darf nicht sagen, dass es mir schlecht geht oder dass ich mich unglücklich fühle, weil es andern doch noch viel schlechter geht. Ich muss dankbar sein. Undankbarkeit ist Sünde.
Dann sagte sie leise vor sich her, was die Grossmutter aus Frankfurt ihr in einem Brief geschrieben hatte: «Drücket ein Kummer und naget ein Schmerz, vertraue auf die Güte des Allmächtigen, und leicht wird das Herz.»
Daran wollte Karola sich halten, auch hier und jetzt in diesem frommen Heim, in dem alles seine Ordnung und seine Zeit hatte, Essen und Arbeiten, Beten und Schlafen, Feiertage und Arbeitstage, Freude und Trauer. Wenn sie einmal einschlief, ohne gebetet zu haben, wachte sie sofort wieder auf. Der Glaube der Eltern und der Grosseltern und aller Väter und Mütter vor ihr, den sie durch die Jahrtausende getragen und nie aufgegeben hatten, was immer man ihnen auch angetan haben mochte, hatte auch jetzt seine Kraft und gab inneren Halt, selbst wenn die Menschen nicht so waren, wie sie sein sollten.
Und es gab ja nicht nur das Schwierige und das Traurige. Es gab auch das andere. Die böse Frau ging, und es kamen neue Leiter, verständigere. Man war nicht allein. Alle trugen das gleiche Schicksal, das machte das eigene erträglicher. Keines war ein Engel. Manche übten Macht über andere aus. Es gab Klatsch, Eifersüchteleien, Neid, böse Worte – aber im letzten waren sie doch eine Schicksalsgemeinschaft, aufeinander angewiesen. Sie stützten sich gegenseitig, spendeten sich Trost und sprachen sich Mut zu. Sie hatten viel Spass. Sie lachten. Jeden Tag sangen sie. Sie spielten und verübten allerhand Streiche. In Höhlen erlebten sie ihre Abenteuer, tauschten Buben und Mädchen die ersten Küsse aus. Sie schlossen Freundschaften, die die Jahre überdauerten. Wenn sie

Auch als Emigrantenkind lebt man nicht vom Brot allein – aber unwichtig ist das Essen nicht. Karola (Mitte) und zwei Kameradinnen scheinen es jedenfalls zu geniessen.

krank waren, wurden sie gepflegt und betreut. Sie schwammen im Sommer um die Wette. Sie gingen schlitteln und übten sich auf den Skiern. Sie lebten in einer herrlichen Landschaft. Machten Wanderungen und Ausflüge.
Das alles überdeckte zeitweise ihre äussere und innere Not. Ungeschehen machen konnte es sie nicht. Immer wieder brach sie auf.

Der Weg nach Osten

Julius Siegel war im Februar 1939 mit der Anweisung aus dem Konzentrationslager Dachau entlassen worden, unverzüglich seine und seiner Angehörigen Ausreise aus Deutschland in die Wege zu leiten. Gleich nach seiner Entlassung suchte er auf dem amerikanischen Konsulat um die Einreisebewilligung in die Vereinigten Staaten nach. Aber die Aussichten standen nicht gut. Er hatte niemanden in den USA, der bereit oder in der Lage war, für ihn und seine Familie ein Affidavit (beglaubigte Bürgschaft für Auswandernde) auszustellen. Ohne Affidavit aber kam kein Emigrant in die Vereinigten Staaten. Ausser energischen Protesten nach der Kristallnacht hatte auch die USA-Regierung kaum etwas Zusätzliches für die bedrohten Juden in Deutschland getan. Die Quotennummer 49 280 war alles, was der vermögenslose Julius Siegel vom Konsulat heimbrachte.

Wollte er überhaupt auswandern? Für Palästina oder Australien unternahm er gar nicht erst irgendwelche Bemühungen. Hatten die Siegels bereits resigniert? Oder gaben sie sich immer noch der Hoffnung hin, das Naziregime werde sich bald das Genick brechen und sie würden die braune Nacht in Deutschland zwar lädiert, aber doch mehr oder weniger heil überleben?

Immer wieder drängt Karola in ihren Briefen die Eltern, sie möchten doch alles tun, damit sie möglichst bald Deutschland verlassen könnten. Alle paar Tage schreibt sie in ihr Tagebuch: «Heute früh hatte ich schrecklich Heimweh.» – «Ach, ich wäre so gerne bei meinen lieben, guten, süssen Eltern.»

Das ist mehr als die wehleidige Klage eines verwöhnten Mädchens. Es ist unter anderem die Erfahrung, dass kein Heim die Fürsorge und Liebe der Eltern ersetzen kann. Ihre Bitten an die Eltern, die Ausreise zu beschleunigen, werden immer dringlicher. Ahnt sie deutlicher als ihre nächsten Angehörigen, was im Dritten Reich sich mit eiserner Konsequenz anbahnt?

«Liebe Karola!»

Mit keinem Wort tönen die Eltern irgendeine Gefahr an.
«Mit der Auswanderung ist es noch beim alten», schreibt die Mutter am 10. April 1941 – zweieinviertel Jahre nach Karolas Abreise aus Frankfurt! – «Wir schreiben es dir schon, wenn es mal so weit ist. Siehst du, Mathilde ihre Eltern sind schon so lange fort und sie kann nicht zu ihnen. Man muss halt Geduld haben.»

Und fast ein wenig unwillig tönt es aus Grossmutter Selmas Zeilen: «Wieso frägst du denn wiederholt wegen der Auswanderung. Du bist doch gottseidank so gut aufgehoben und behütet, und der Himmel und die Sonne ist hier wie überall über uns und Sturm und Regen gibt es auch hier wie überall. Freue dich mit deiner sorglosen Jugend und sammle Kräfte und Wissen für den Ernst des Lebens. Bleibe recht gesund und vergnügt. Herzliche Grüsse von allen Verwandten und recht vergnügte Feiertage wünscht und grüsst dich recht herzlich Deine dich liebende Oma.»
Im gleichen Brief freut sich die Grossmutter über das gute Zeugnis, das Karola erhalten hat, besonders über die gute Betragensnote. «Jetzt geniesse nur die Ferien und gebe dir weiterhin in allem recht Mühe, dann macht dir auch alles viel Vergnügen. Die Arbeit ist der beste Zeitvertreib.»
Der Vater gibt seiner Freude wie immer in holprigen Versen Ausdruck:

«Liebe Karola,
ein gutes Zeugnis macht jedem Freud,
man zeigt es gerne allen Leut'.
Es ist der Preis
für Müh und Fleiss.
Doch fleissig muss man lernen,
um Fehler zu entfernen
und nicht zurückzugehen,
um gute Noten wieder zu sehen.»

Anfang Februar 1941 hat er in seiner zierlichen deutschen Handschrift begründet, warum er der Tochter in Gedichtform schreibt:

«Zwar kann ich nicht richtig dichten,
denn es gehört ein Versmass dazu.
Vielleicht wird man dich darin unterrichten,
dann kannst es einmal auch du.»

Aber: «In Versen kann man schreiben,
Was man in Prosa oft nicht kann,
Gewöhnlich vom lustigen Treiben,
Und die Zensur streicht nichts dann.»

So tönt er einmal an, dass sie seit langem kein Fleisch mehr gesehen haben, länger als die neun Tage der jüdischen Fastenzeit, fast von so langer Dauer «wie die chinesische Mauer». Ein andermal entschuldigt er sich wegen eines Fettfleckens auf dem Papier, was sie nicht etwa zur Annahme verleiten solle, dass zuviel Fett im Haus sei.

Oft zitiert der Vater Goethe, dessen Dichtung er besonders liebt. Am 5. Mai 1941 hat er für Karola Goethes *Schweizerlied* abgeschrieben:

> Uf'm Bergli
> Bin i gesässe,
> Ha de Vögle
> Zugeschaut;
> Hänt gesunge,
> Hänt gesprunge,
> Hänt's Nästli
> Gebaut.

An den jüdischen Feiertagen stellen die Eltern und die Grossmutter Karolas Bild auf den Tisch, und dann ist es fast so, als ob sie wirklich unter ihnen sei.

Immer schreiben die drei im gleichen Brief. Rührend gehen sie auf alles ein, was Karola ihnen berichtet. Als sie einmal von einer Vorlesung über Paul Ehrlich, den Entdecker des Salvarsans (1854 bis 1915) schreibt, antwortet die Grossmutter: «Er war ein so hervorragender Mensch und Gelehrter. Ein Wohltäter an kranken Menschen. Es wurde ihm von allerhöchster Stelle vorgeschlagen, er solle in den Adelsstand erhoben werden, wenn er seinen Glauben ablege. Er hat aber seine Überzeugung nicht geopfert. Ich besuche jedesmal sein Grab in dankbarer Verehrung, sooft ich auf den Friedhof gehe. Jetzt bei dem milden Wetter kann ich noch schön ein wenig bei meinem Spaziergang in der Pormenade ausruhen.»

Eine Kraft geht von dieser Frau aus, die Karola bewundern muss, ebenso wie der Vater, der in aller Bedrängnis Goethe liest und seinen Humor nicht verliert. Wenn Karola traurig ist – und sie ist oft traurig –, nimmt sie diese Briefe und liest sie, und dann ist es, als ob sie Zwiesprache mit den Eltern und der Grossmutter führen würde. Auch die Wiesenfelder Grosseltern schicken immer Grüsse und freuen sich, dass es Karola gut geht.

Die Briefe von zu Hause waren für die Karola Siegel Zeichen der Hoffnung und der Liebe. Als sie ausblieben, wurde ihre seelische Situation schwieriger.

Am 26. Mai 1941 schreibt die Mutter, dass sie sich freue, später einmal das Tagebuch der Karola zu lesen. Sie sendet ihr zum bevorstehenden Geburtstag die herzlichsten Glück- und Segenswünsche. «Mögest Du zu einem braven, tüchtigen Mädel heranwachsen und immer gesund und zufrieden bleiben. Dein Geburtstagsgeschenk folgt später. Es wird noch ein Weilchen dauern.»

Die Grossmutter: «Auswandern ist nur für junge Leute.»   Der Vater: «Uf'm Bergli bin i gesässe.»   Die Mutter: «Herzliche Geburtstagswünsche ...»

Der Vater hat sich zu seinem Geburtstagsgedicht besondere Mühe gegeben:

«*Dem lieben Geburtstagskinde!*
Kannst du dich doch noch entsinnen,
Als du das Leben tatst beginnen.
Recht schwierig hast du oft gedacht,
O, vielen Leuten hast du Freude gemacht.
Lebe wohl und sei zufrieden.
Auch viel Glück sei dir beschieden.»

Am 1. September 1941 – es ist der zweite Jahrestag des Kriegsbeginns – will das Dichten nicht geraten:

«Heute weiss ich nichts zu dichten,
deshalb musst du darauf verzichten,
denn wärest du daheim,
du erhieltest nicht einen einzigen Reim.»

Im September oder Anfang Oktober schreibt die Grossmutter: «Mit dem Auswandern ist noch nichts Bestimmtes. Ich für meine Person gehe erst mit dem letzten allgemeinen Schub.»
Karola horcht auf. Was heisst das: «Ich gehe erst mit dem letzten allgemeinen Schub»? Wohin? Nach Westen oder – Osten? In

einem früheren Brief hatte sie bemerkt: «Das Auswandern ist nur für junge Leute.»
Aber dann kommen wieder beruhigende Briefe. Grossmutter erzählt, dass sie *Lienhard und Gertrud* von *Heinrich Pestalozzi* lese. Und Vater schreibt zum jüdischen Neujahr im Herbst wieder seine heiteren Verse.

Litzmannstadt, Rembrandtstrasse 10

Dann aber bleiben die Briefe von zu Hause plötzlich aus. Am 22. Oktober 1941 bekommt Karola von Bekannten aus Frankfurt Bericht: Die Eltern und Oma seien ausgewandert. «Ich weiss aber nicht wohin. Hoffentlich sind sie nicht verschickt worden und es geht ihnen gut.»
Am 19. Oktober sind die drei mit einem Transport nach Litzmannstadt (Krakau) deportiert worden. Aber erst Ende November erhält Karola die Adresse: Litzmannstadt (Ghetto), Rembrandtstrasse 10, I/Zm. 4.
Karola ist überzeugt, dass die Eltern die Grossmutter nicht allein in Deutschland lassen wollten. Darum betreiben sie die Auswanderung nicht. Lieber wollten sie mit der alten Frau den Weg nach Osten antreten.
In knappen Sätzen gibt Karolas Tagebuch Auskunft, was sie in diesen Wochen, da sie ohne Nachricht von den Angehörigen bleibt, durchmacht: «14. Dezember 1941: Heute abend ist Chanukka, das erste Licht ist entzündet. Ich hoffe, dass wir alle nächstes Jahr mit unseren Lieben Lichter entzünden können. – 17. Dezember: Am ersten Abend hatte ich so Heimweh. – 18. Dezember: Ich habe jetzt von meinen Eltern 9 Wochen und 1 Tag keine Post mehr. – 5.1.42: Heute sind wir drei Jahre hier. ... Ich sollte nach Genf vorgemerkt werden. Aber ich möchte nicht, da sie nicht koscher essen. Ich würde ja schon nach Genf, aber meinen lieben Eltern ist es sicher nicht recht.» Am 26. Januar 1942 schreibt sie in deutscher und sehr grosser Schrift: «Wenn ich doch nur Post von meinen lieben Eltern hätte.»
Aber es kommt keine Post. Es wird Februar, März, April. Nichts.

Am 5. April schreibt Karola in ihr Tagebuch: «Ich muss nun ins Bett. Gute Nacht Mutschi, Papa, Oma und alle, alle Verwandten.»
Am 30. April bekommt sie unerwartet von Tante Ida, der jüngsten Schwester der Mutter, einen Brief aus Izbica bei Lublin: «Ich habe immer Hunger!»
So ist das also.
Karola möchte der Tante von ihrem Essen schicken. Aber es geht nicht. Und sie denkt, dass auch die Eltern Hunger haben.
Endlich, am 14. September 1942 kann sie dem Tagebuch anvertrauen: «Gott sei Dank weiss ich, dass es meinen Lieben in Polen gut geht. Die (Wiesenfelder) Grosseltern schrieben es mir.»

Allein

Von den Lieben in Polen selber aber kommen keine Briefe mehr. Am 15. Januar 1943 erinnert sich Karola, dass die Grossmutter sechsundsiebzig Jahre alt wird. Immer wieder verzeichnet sie ihr Heimweh. Am 1. September 1943 – der schreckliche Krieg dauert jetzt schon vier Jahre – schreibt sie: «Ich möchte so gerne wieder einmal an die Tage bei meinen Eltern zurückdenken. Damals wusste ich nicht, was ich an meinen Eltern hatte. Aber jetzt und gerade heute geht dies mir erst richtig auf. Ich möchte so gerne an ihnen all das vergelten, was sie mir getan haben, und was ich nie anerkannte!!!»
Die fünfzehnjährige Karola muss jetzt mit der schwer zu tragenden Ungewissheit, mit der quälenden Sehnsucht, mit der schwächer werdenden Hoffnung auf ein Wiedersehen und mit dem immer wieder ausbrechenden Schuldgefühl leben lernen. Sieht man es ihr an? Sie ist wirblig und fröhlich und fleissig und vorlaut wie immer. Aber dann wird sie plötzlich von bleischweren Traurigkeiten überfallen. Sie fühlt sich «schrecklich allein», zieht sich in sich selbst zurück. Im Tagebuch heisst es: «Gute Nacht, alle meine Lieben, ... gute Nacht, mein lieber, treuer Kamerad, Tagebuch genannt, du bist und bleibst mein Bestes auf der Welt!»

Jahre der Ungewissheit

Karolas Schicksal ist das Schicksal ihrer Kameradinnen und Kameraden im Wartheim und in Basel.
Da ist Hannelore Adler aus Giessen an der Lahn. Am 6. April 1927 wurde sie geboren. Im November 1936 stirbt ihr Vater Albert Adler, erst vierundfünfzig Jahre alt. Gleich alt ist die Mutter Helene Adler, als sie am 10. Juni 1942 zusammen mit Margot, der erstgeborenen Tochter, aus der Wohnung an der Wallstrasse 8 in Bad Homburg nach Polen deportiert wird. Margot zählt noch nicht einundzwanzig Jahre.
Da ist Grete Nussbaum. Am 29. März 1926 wurde sie im pfälzischen Dahn als zweites von drei Kindern des Lehrers Louis Nussbaum geboren. Else, die ältere Schwester, lebt in Berlin an der Kommandantenstrasse 58. Manfred, der anderthalb Jahre jüngere Bruder, hat im jüdischen Waisenhaus an der Gotthelfstrasse in Basel Aufnahme gefunden. 1938 hat Louis Nussbaum für sich, seine Frau Selma und seine drei Kinder die Auswanderung in die USA eingeleitet. Vermögliche Verwandte leben dort, die Affidavits leisten können. Wohl aus diesem Grunde hat er am 22. August 1939 dem SHEK in Zürich geschrieben, dass er mit einer möglichen Auswanderung seiner Kinder Grete und Manfred nicht einverstanden sei. «Vielmehr bitte ich Sie, meine Kinder weiterhin zu betreuen, und sage ich Ihnen zum voraus meinen besten Dank.»
Dann werden er und seine Frau mit dem gleichen Transport nach Polen verschickt, dem auch Mutter und Schwester von Hannelore Adler angehören. Der Vater ist vierundfünfzig, die Mutter fünfzig Jahre alt. Die Cousine, Gertrud Adler, ist schon im September 1941 deportiert worden. Im März 1943 folgt die Schwester Else mit einem weiteren Transport ihren Eltern nach Osten.
Da ist Joachim Herz aus Wissloch und Heidelberg. Geboren am 9. April 1930. Ein hochbegabter, intelligenter Junge, geistig seinem Alter weit voraus. Seinen Vater, den Religionslehrer Viktor Herz, hat er kaum gekannt; er ist 1931 gestorben. Der 1922 geborene Bruder Helmut war schon aus der Schule, als Joachim in die erste Klasse eintrat. Lotte, die fünfeinhalb Jahre ältere Schwester, lebt in

Lugano bei einer Familie Cohen an der Via Maderni. Bis im November 1942 wohnen die Mutter Rosa Herz und Helmut noch in Frankfurt am Main. Dann – es muss um die Zeit von Mutters siebenundvierzigstem Geburtstag sein – werden sie beide aus ihrer Wohnung an der Pfingstweidstrasse 13 geholt und deportiert.
Joachim ist nicht nur ungewöhnlich begabt, er ist auch ungewöhnlich sensibel. Überwach registriert er diese grausame Zeit. Überwach weiss er, wie Menschen sein könnten, und erfährt, wie sie in Wirklichkeit sind. Er bringt das nicht zusammen. Er kann es nicht verstehen, dass kaum jemand den grausamen Verfolgern in die Arme fällt, das Unrecht aufhält, dass die Welt geschehen lässt, was geschieht. Joachim zieht sich in sich selbst zurück. Er wird misstrauisch, schweigsam. Zuviel Einsamkeit für einen Zwölfjährigen ist in ihm und um ihn.

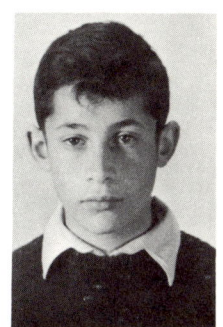

Joachim Herz:
Zuviel Einsamkeit.

Da ist Marga Schwarz, Tochter des Landwirts und Viehhändlers Hugo Schwarz aus Villingen. Dreieinhalb Jahre verbrachte sie seit Januar 1939 in Schweizer Familien in Neuenburg. Im August 1942 kommt sie ins Wartheim nach Heiden. Zur gleichen Zeit treten ihre Eltern die dunkle Reise nach Osten an. 1938 hatten sie die Auswanderung nach Toronto, Kanada, in die Wege geleitet. Die Auswanderung misslang. Stattdessen kamen sie nach Frankreich. Nach der Besetzung durch die Nazis wurden sie im Lager Gurs, Ilôt E, Baraque 6, interniert. Von dort wurden sie deportiert.
Marga ist jetzt vierzehn Jahre alt. Der Bruder Heinz, ein Jahr jünger, ist von einer Familie in St. Gallen aufgenommen worden. Man-

fred, der Jüngste, er ist jetzt elfjährig, ist bei einer Familie in Neuenburg geblieben.

Da sind die Zwillingsschwestern Inge und Ruth Kapp, beide intelligent, hilfsbereit, fleissig, Inge lebhaft, Ruth eher bedächtig. Geboren am 20. Dezember 1928 in Hechtsheim bei Mainz. Der Vater war Landwirt, die Mutter Johanna früher Verkäuferin. Im Oktober 1938 lassen sie sich für die Auswanderung nach den USA registrieren. Quotennummer: 32 762. Affidavits sind vorhanden.

Aber auch hier bleibt es bei der Hoffnung. Bis Ende September 1942 wohnen die Eltern an der Horst-Wessel-Strasse 2 (!) in Mainz. (Horst Wessel war der «Märtyrer» der Nazis. Das Horst-Wessel-Lied war ihre Parteihymne.) Dann werden sie deportiert. Sie sind fünfzig Jahre alt.

Inge und Ruth Kapp:
Ausreise der
Eltern gescheitert.

Ilse Weil:
Bruder um einige
Wochen zu alt.

Da ist Mira Kahn, am 15. Oktober 1927 geboren. Der Vater Wilhelm Kahn war Landwirt. Im fernen Kuba hoffte er, eine Farm zu erwerben. Im Mai 1939 schiffte er sich ein. Sobald alles geregelt war, sollte die Familie nachkommen. Aber Kuba gestattete die Landung des Schiffes mit Emigranten aus Deutschland nicht. Wilhelm Kahn musste nach Europa zurückfahren. In Belgien ging er an Land. Dann brach der Krieg aus. Im Frühjahr 1940 überrannten die deutschen Armeen Belgien. Wilhelm Kahn flüchtete nach Frankreich. Dann besetzten die Deutschen auch dieses Land. Kahn wurde im berüchtigten Lager St-Cyprien interniert. Ende August 1943 finden die nazistischen Häscher den Vertriebenen und deportieren ihn nach Osten. Seine Frau Ruth, Krankenpflegerin von Beruf, ist schon ein Jahr früher aus Frankfurt verschickt worden. Mira ist ein zerbrechliches, fast schüchternes Mädchen. Am liebsten beschäftigt sie sich mit kleinen Kindern. Gleichaltrige und ältere Kinder meidet sie. Die Last der Zeit ist fast zu schwer für ihre schmalen Schultern.

Da sind Ilse und Hannelore Weil aus Breisach am Rhein. Hannelore ist 1925, Ilse 1930 geboren. Der Vater Siegfried Weil hatte dort eine Eisenwarenhandlung betrieben, bis die Nazis auch dieses Geschäft ruinierten. Nach der Kristallnacht brachten sie Weil nach Dachau. Ende März 1942 deportierten sie ihn, seine Frau Louise und den ältern Bruder Alfred nach Piaski in der Nähe von Lublin. (Alfred hatte nicht in die Schweiz einreisen können, weil er im Frühjahr 1939 das sechzehnte Altersjahr um wenige Wochen überschritten hatte!)

Da ist Max Laub, geboren am 11. Februar 1928. Vater und Mutter, Abraham und Itta Laub, waren 1895 im polnischen Brszko geboren worden. Als sie erwachsen waren, wanderten sie aus, nach Deutschland. Abraham Laub arbeitete als Kaufmann. Ende März 1942 wurde das Ehepaar nach Lublin deportiert. Nachmann Laub, der vier Jahre ältere Bruder von Max, fand in Zürich bei einer Familie Aufnahme und lernte dort den Beruf eines Schreiners. Chil, der älteste Bruder, 1920 geboren, ist rechtzeitig nach Jerusalem ausgewandert.

Da ist Klaus Spies, am 25. Februar 1930 in Biblis bei Worms zur Welt gekommen. Ein offener Charakter, organisatorisch begabt, körperlich auffallend gewandt, intelligent, reif. Alle mögen ihn gut. Seine zwei älteren Brüder sind in England. Der Vater, Arthur Spies, Besitzer einer Manufakturwarenhandlung, hatte die Auswanderung nach den Vereinigten Staaten versucht. Ohne Erfolg, wie bei den meisten andern auch. Am 16. Oktober 1940 deportierten die Nazis ihn und seine Frau Lina nach Litzmannstadt. Es war der erste grosse Juden-Transport nach Osten. Arthur und Lina Spies waren fünfzig und vierundvierzig Jahre alt.

Da ist Ruth Loewenberg, am 25. Juni 1928 geboren, ein Gärten und Landschaft liebendes Mädchen. Im Dorf Geisig, wo ihr Vater, Karl Loewenberg, Landwirt war und mit Vieh handelte, verbrachte sie ihre ersten Kindheitsjahre. Sie war das jüngste von fünf Kindern. Hield war 1912 geboren worden, Eric 1914, Max 1920, Edith 1924. Als Ruth zur Welt kam, war der Vater achtundvierzig, die Mutter dreiundvierzig Jahre alt. Es waren schöne Jahre gewesen für Ruth in Geisig, verwöhnt von Eltern und ältern Geschwistern. Dann aber waren es schreckliche Jahre geworden. Die Loewenbergs waren die einzige jüdische Familie in Geisig. Als Hitler an die Macht kam, machten die dörflichen Nazis der Judenfamilie das Leben zur Hölle. Wer sich für sie einsetzte, wurde eingeschüchtert und denunziert. Schliesslich waren die Loewenbergs völlig isoliert. Der Vater musste den Viehhandel aufgeben. Materielle Not zog ein. Die Loewenbergs flüchteten nach Frankfurt. 1941 wurden Vater, Mutter, Cäcilia und Edith deportiert. Von Eric hatte Ruth seit 1942 keine Nachricht mehr. Max war nach Frankreich geflüchtet. Auch von ihm war nichts mehr zu hören. Hield hatte geheiratet und lebte jetzt in England. Die vorbereitete Auswanderung der Eltern in die Dominikanische Republik war gescheitert. Frankreich hatte das Einreisevisum ebenfalls abgelehnt.

Da ist Alice Bacharach, ein zartes, gesundheitlich eher anfälliges Kind, blond, hübsch, verträumt. Geboren am 21. Oktober 1931. Schützt ihre Kindlichkeit sie vor den Erfahrungen der Wirklichkeit? Am 4. April 1940 ist ihr Vater, Ludwig Bacharach, ehemals Kaufmann, gebürtig aus Seligenstadt, nach der Flucht aus Deutschland in Paris gestorben. Drei Jahre später, im Januar 1943, werden Alices Mutter, Guda Bacharach, und die kleine Schwester Edith aus Frankreich nach Osten deportiert. Die Mutter ist zweiundvierzig, Edith sechseinhalb Jahre alt.

Da ist – soll man weiterfahren in der Aufzählung der Kinder im Wartheim, deren Eltern 1941, 1942 und 1943 nach dem Osten verfrachtet werden? Nur ganz wenige teilen das Glück mit Wolfgang Hirnheimer, dessen Eltern sich nach England retten konnten, und dessen Grosseltern mütterlicherseits in Palästina ihre neue – alte – Heimat wiedergefunden haben; oder mit Erna und Louis Levite, die Ende 1941 nach den USA fahren können, um sich dort mit ihren Eltern zu vereinigen. Sie bleiben die Ausnahmen.

Alle andern Kinder im Wartheim und die Kinder in Basel leben dagegen in der schrecklichen Ungewissheit über das Schicksal ihrer Väter und Mütter. Was wissen sie von den ungeheuerlichen Men-

schenjagden, die sich jetzt nicht mehr nur im Dritten Reich, sondern im ganzen von den Nazis besetzten Europa vollziehen? Was von den Tag und Nacht Richtung Osten rollenden Eisenbahnzügen mit Viehwagen, vollgestopft mit Menschen, von denen viele schon auf der Reise zugrunde gehen?
Werden sie abgeschirmt vor den Nachrichten über diese millionenfache Tragödie? Wollen sie, ebensowenig wie die meisten Erwachsenen, wahrhaben, was unter der Bezeichnung «Endlösung» sich vollzieht? Haben sie gehört, was Hitler am 30. Januar 1939 vor dem Reichstag erklärt hat: «Wenn es dem internationalen Finanzjudentum in- und ausserhalb Europas gelingen sollte, die Völker noch einmal in einen Weltkrieg zu stürzen, dann wird das Ergebnis nicht die Bolschewisierung der Erde und damit der Sieg des Judentums sein, sondern die Vernichtung der jüdischen Rasse in Europa»? Haben sie registriert, als der «Führer» am Tage des Überfalls auf Polen, dem 1. September 1939, diese Drohung wiederholte? Als Goebbels am 16. November 1941 in seiner Zeitung «Das Reich» Bezug auf diese Reden nahm und schrieb: «Wir erleben eben den Vollzug dieser Prophezeiung»? Haben mindestens die älteren Kinder im Wartheim und in Basel es gehört, als Hitler am 31. Januar 1942 erneut erklärte, dass «das Ergebnis dieses Krieges die Vernichtung des Judentums sein wird»?
Vielleicht haben einige es gehört. Vielleicht konnten sie sich immer noch nicht vorstellen, dass solcher Wahnsinn gerade Wirklichkeit wurde. Vielleicht verdrängten sie auch, was zu glauben ihnen unerträglich schien.
Die Ungewissheit war schrecklich. Aber sie liess immer noch Raum für eine kleine Hoffnung.
Und: Trotz allem, was geschieht, kennen die Kinder in Heiden keinen Hass gegen die Deutschen.
Neben der Ungewissheit und der Hoffnung leben die Kinder in der Wirklichkeit des Heim-Alltags. Freilich erfahren und erleben sie auch diese Wirklichkeit vor dem Hintergrund ihres Schicksals. Auch wenn es wahr ist, dass jetzt Hunderttausende jüdischer Kinder in den Tod geschickt werden; auch wenn sich die Kinder in Heiden schier Tag und Nacht sagen, dass sie dankbar sein müssen für ihre Rettung in der Schweiz; auch wenn sie sich daran gewöhnt

haben, nicht zu kritisieren, nicht einmal in Gedanken – ganz verdrängen lassen sich manche Fragen eben doch nicht. Da sind im Nebenhaus schweizerische Kinder in den Ferien. Sie bekommen Briefe. Sie bekommen Besuch von ihren Eltern, Verwandten und Bekannten. Sie bekommen Geschenke.

Die Emigrantenkinder bekommen keine Briefe mehr. Sie wissen nichts mehr von ihren Eltern. Niemandem kommt es offenbar in den Sinn, Brieffreundschaften zwischen Flüchtlingskindern und Schweizerkindern anzuregen, menschliche Beziehungen herzustellen, die über den Bereich des Heims hinausgehen, und die den Ausgestossenen etwas Mut geben könnten.

Warum nicht? Man hat jetzt allerorten andere Sorgen. Eben: In Europa haben die Todestransporte nach dem Osten in grossem Ausmass begonnen. Flüchtlinge drängen an die Schweizer Grenze. Nur wenige werden hereingelassen. Die Hilfsorganisationen, auch das SHEK, führen einen zähen Kampf für eine menschlichere Flüchtlingspolitik. Leben retten und überleben ist jetzt alles. Die menschlichen Menschen sind überlastet. Den andern mangelt ein Vorstellungsvermögen über alles, was sich nicht um die eigene Person abspielt.

Kinder in Heiden: Abgeschirmt von der Tragödie?

Hoffnung auf Erez Israel

«Wenn ich an die Zeit zurückdenke, als ich in Buus und Langenbruck einundvierzig Buben und sechs Mädchen unterrichtete, muss ich sie als einen der schönsten Abschnitte meiner erzieherischen Tätigkeit bezeichnen.»
Erich A. Hausmann ist heute Sekundarlehrer an der jüdischen Schule in Zürich.
Als Ende 1938 das Basler Hilfskomitee für Emigrantenkinder den jungen, eben das Sekundarlehrerstudium beendenden Pädagogen bat, den Schulunterricht für jene aus Frankfurt kommenden Emigrantenkinder zu übernehmen, die in Basel bleiben würden, sagte er spontan zu. Mit tiefer Erschütterung hatte der temperamentvolle, dem religiösen Judentum tief verbundene Basler miterlebt, was sich in den vergangenen Jahren und dann am 10./11. November 1938 in Deutschland ereignet hatte. Den Verfolgten zu helfen, war für ihn selbstverständlich. In der Grenzstadt hatte er längst die Bekanntschaft mit geflüchteten Glaubensgenossen gemacht. Er wusste um ihre Not und die schreckliche Bedrängnis derer, die noch drüben waren, und manchmal wollte etwas wie Erbitterung und Zorn in ihm aufsteigen, wenn er miterlebte, wie engherzig die schweizerischen Behörden das traditionelle Asylrecht gegenüber diesen unschuldig Gejagten handhabten. Ausserdem war er Erzieher aus Berufung. Jungen Menschen zu helfen, den Weg ins Leben zu finden, diese Aufgabe stand begeisternd vor ihm. Emigrantenkindern Freund zu sein, ihnen, so weit das möglich war, zu ersetzen, was sie jetzt entbehren mussten – wie hätte er da nein sagen können.

Winter in Buus

Von den rund hundert Kindern aus Frankfurt blieb die grössere Hälfte in Basel. Zehn fanden im Schweizerischen Israelitischen Waisenhaus an der Gotthelfstrasse Aufnahme. Einundvierzig Knaben und sechs Mädchen – sie waren zehn bis sechzehn Jahre alt – kamen zunächst nach Buus (Basselland) ins Ferienheim *Aufgent* für

Basler Kinder. Es war ein schönes Haus in einer schönen Landschaft. Aber es war eben ein Ferienhaus und kein Heim für Kinder, die über längere Zeitdauer dort bleiben sollten. Es gab zum Beispiel kein Schulzimmer. Erich A. Hausmann: «Man konnte das Haus bis zu einem gewissen Grad gestalten, die ‚Infrastruktur' jedoch war nicht zu machen.»
Die Orts- und Gemeindebehörden von Buus stellten für den Schulunterricht ein Zimmer im Schulhaus zur Verfügung. Auch sonst zeigte sich die Bevölkerung aufgeschlossen und wohlwollend. Eine angenehme Überraschung bereitete die Mädchen-Sekundarklasse III aus dem bernischen Steffisburg den Ankömmlingen aus Frankfurt. Schon am 10. Januar 1939 schrieben die Mädchen den jungen Emigranten freundliche Briefe und schickten ihnen zum Willkomm Schokolade. Das tat gut. Solche Geste milderte die Fremdheit.
Dann begann der Aufenthalt in Buus gleich mit einer Grippe. Ein Kind war bereits krank in die Schweiz gekommen. Wenige Tage später lag die Hälfte der Kinder und ein Teil des Personals mit Fieber im Bett. Zwei Krankenschwestern und ein emigrierter Arzt übernahmen die Pflege.
Als die Krankheit vorüber war, nahmen *Erich A. Hausmann,* die Fürsorgerin *Fanny Ryser* und die Hausbeamtin Fräulein *Strasser* den Betrieb energisch in die Hände. Es galt, die Knaben und Mädchen auf ein Leben vorzubereiten, das sie weiterhin hart anpacken würde. Vor allem kam es darauf an, Kenntnisse und Fertigkeiten zu vermitteln, mit denen sie dereinst ihren Lebensunterhalt bestreiten konnten. Hausmann setzte sich mit Landwirten und Handwerkern in Buus in Verbindung und vereinbarte mit ihnen, dass die Burschen aus dem Heim an drei Nachmittagen je drei Stunden sich elementare landwirtschaftliche und handwerkliche Kenntnisse erwerben konnten. Schon nach kurzer Zeit bestanden Klassen:
Schlosser bei Meister *Suter:* Lothar Bender, Helmut Kahn, Ludwig Speier, Heinz Sulzbacher. *Schreiner I* bei Meister *Schaffner:* Mathias Apelt, Kurt Lamm, Siegfried Neustädter, Ernst Wolf, Günther Friedner. *Schreiner II* bei Meister *Kisteler:* Max Goldschmidt, Fritz Rosenberg, Ferdi Schuster, Ernst Spier. *Köche* und *Bäcker:* Hermann Rotschild, Walter Simons, Hans Höchster, Manfred Frank, Manfred Sulzbacher, Martin Friedmann.

Den ersten Winter verbrachten 47 der rund hundert Kinder aus Frankfurt im Kolonieheim Aufgent in Buus BL.

Gewöhnung an harte und präzise Arbeit, Gewinnung einer positiven Einstellung zur Arbeit und Vorbereitung auf einen handwerklichen Beruf, so lautete das Ziel, das Erich A. Hausmann für die ihm anvertrauten Menschen gesetzt hatte. Er war ein initiativer und energischer Lehrer, und er war auch der eigentliche Leiter des Heimes, da das offizielle Leiterpaar, ein Arzt und seine Frau, von der schwierigen Aufgabe aus Altersgründen offensichtlich überfordert war. Er wusste, worauf es jetzt ankam und dass es unmöglich war, alle individuellen Ausbildungswünsche der jungen Leute zu erfüllen. Eine grausame Zeit forderte jetzt vor allem das eine: in Anstand überleben. Die Burschen und Mädchen spürten das, und sie fühlten, dass hinter all den Bemühungen um die Berufsvorbereitung, hinter den vielen Wanderungen, auf denen sie das Land kennenlernten und sich zugleich körperlich ertüchtigten, hinter der Forderung nach Mitarbeit auf allen Gebieten, nach Ordnung und Disziplin die Hingabe eines Mannes stand, der sein Bestes gab, um ihr Bestes zu erreichen. Kameradschaft und Hilfsbereitschaft gehörten zum Leben im Heim.

Bericht aus Frankfurt

Schon nach knapp drei Monaten mussten die Burschen und Mädchen Buus verlassen. Das Heim wurde für Ferienkolonien beansprucht. Am 3. April 1939 nahmen sie Abschied von Haus und Dorf, in denen sie gastliche Aufnahme gefunden hatten. So kurz die Zeit war, Buus und Aufgent würden sie nicht wieder vergessen.

Pessach, das jüdische Osterfest, verbrachten sie in Basel. Die Mädchen wurden von Familien aufgenommen, die Burschen zogen in die Jugendherberge am Weiherweg bei der Schützenmatte. Das Essen nahmen sie in der Kantine für Emigranten im Sommerkasino ein. Das lag am andern Ende der Stadt, und so marschierten die Knaben Tag für Tag in Viererkolonne durch die Stadt – Erich A. Hausmann war Soldat, und er war es gerne.

Schon in Buus konnten zahlreiche Burschen bei Handwerkern eine «Schnupperlehre» machen. Unser Bild zeigt die Klasse von Schlossermeister Suter (hinten).

Gerade in jener Osterzeit wurden die Burschen und Mädchen daran erinnert, welcher Welt sie vor drei Monaten entronnen waren. Der Leiter des jüdischen Waisenhauses in Frankfurt, Vater Marx, wie ihn alle nannten, wandte sich in einem Rundschreiben «an alle lieben Ehemaligen».

«Die letzten vier Monate waren so wie für das allgemein jüdische Schicksal naturgemäss auch für unser liebes Waisenhaus von ganz einschneidender Bedeutung ... Vorerst besteht unser Heim noch, nicht nur noch, sondern es muss in viel grösserem Ausmass als früher wirken. Höchstzahl früher siebzig bis achtzig – zurzeit bis zu hundertfünfzig Kinder, allerdings kein reines ‚Waisenhaus' mehr, vielmehr ein Flüchtlingsheim. Ihr macht Euch keine Vorstellung, wieviele Kinder seit dieser Zeit den Weg durch unser Haus genommen haben, aufgenommen, wieder weiterbefördert und wieder neue aufgenommen usw. Namentlich in den paar Tagen nach dem 10. November kamen unzählige Mütter: Vater im Lager, Wohnung nicht beziehbar, keine Existenz mehr, nirgends Möglichkeit, die Kinder zur Schule zu schicken. Viele von Euch, an die dieser Brief geht, haben ja dies alles miterlebt und gesehen, was hier im Hause geleistet werden musste. Natürlich haben wir nicht mehr die Bequemlichkeiten wie früher. Erinnert Ihr Euch noch: In den zwanzig Jahren, die wir jetzt hier sind, sprachen Mutti und ich immer von ‚Sorgen'. Jetzt, rückblickend, wissen wir alle, dass diese Sorgen, gemessen an der heutigen Zeit, nie eigentliche Sorgen waren. Über die Raumverhältnisse im Hause: die Schlafsäle Nr. 1 und 4: früher höchstens siebzehn bis achtzehn Betten; heute fünfunddreissig bis sechsunddreissig; ähnlich in den Schlafsälen 2 und 3, natürlich dicht Bett an Bett, auch die schönen breiten Gänge zwischen den Bettenreihen sind belegt. Im Speisesaal sitzt Kind an Kind dicht gedrängt nebeneinander – zurzeit zirka neunzig bis hundert Knaben und vierzig bis fünfzig Mädchen. Die Mädchen essen neben uns im Zimmer 35, sie schlafen nicht mehr nur in ihrem früheren Schlafsaal, sondern auch der frühere grosse pompöse Speisesaal der Mädchen steht gleichfalls dicht voller Betten. Im Hause herrscht natürlich Riesenbetrieb – könnt Ihr Euch die Sorgen von Mutti vorstellen, bis all die vielen Mäuler gestopft sind – und dabei kein Fleisch! Ich selbst habe noch eine grössere Aufgabe mit übernehmen müssen: die sogenannte ‚Kinderverschickung' ins Ausland, die ich, als in den so ernsten Tagen alle Wohlfahrtsorganisationen aufgehoben waren, zunächst allein organisieren musste. Es ist mir damals mit

Gottes Hilfe und dank des Verständnisses guter Freunde im Ausland gelungen, eine grössere Anzahl Kinder, nicht nur aus unserem Haus, sondern aus Frankfurt und dessen weiterer Umgebung nach dem Ausland zu bringen. Jetzt, da die sogenannte ‚Kinderverschickung' wieder die Wohlfahrt übernommen hat, bringe ich im wesentlichen nur Kinder von unserem Hause selbst weg. Da es sich aber einmal in ganz Süddeutschland herumgesprochen hat, dass durch mich Kinder weggkommen sind, und dass es mir auch mit Gottes Hilfe gelungen ist, manche Erwachsene, die im Lager waren und auswandern mussten, ins Ausland zu bringen, kommen sozusagen täglich Dutzende von Menschen zu mir, die Rat und Hilfe heischen – o, wenn man nur allen helfen könnte!

Von uns sind Kinder weggegangen nach Holland, Belgien, England, Frankreich, Schweiz und auch einige nach Amerika. Nach dem letzteren Land sind aber, so gross das Land ist und so eigenartig es klingt, verhältnismässig nur wenig Auswanderungsmöglichkeiten. ... Unser früherer Vorsitzender, Herr Professor Dr. Werner, ist drei Tage vor dem grossen Unglückstag (Kri-

An Ostern 1939 mussten die Buben und Mädchen Buus verlassen.
Sie verbrachten einige Tage in Basel. Unser Bild zeigt die Burschen mit ihrem Lehrer Erich A. Hausmann.

stallnacht, d. V.) mit den grössten Hoffnungen auf Unterbringung von Kindern in Amerika nach dorten gefahren – leider hat er in diesen über vier Monaten noch kein einziges Kind unterbringen können, trotz der besten Absichten und ernstester Bemühungen. Er selbst hat grosse Mühe, dort bleiben zu können und seine Frau nachkommen zu lassen. ... Auswanderung nach europäischen Ländern ist in grösserem Masse völlig versperrt, wenn auch zunächst noch Menschen – wenigstens vorübergehend – zum Beispiel nach England gehen.

Kinder nach Palästina

Und darum zeigt es sich, dass ich mit meinen schon seit Jahren propagierten Ideen und Hoffnungen auf Erez (Land) Israel letzten Endes doch immer wieder recht behalten habe. ... Ich weiss, auch Erez Israel ist leider kein Idealland, ja heute weniger denn je, und trotzdem ist es heute noch mein Ideal: Gründung eines, wenn auch am Anfang nur kleinen bescheidenen Heimes in unserem Lande, als Fortsetzung des Frankfurter Waisenhauses, das wohl heute noch hier bestehen muss und noch sehr grosse Aufgaben zu erfüllen hat, aber – das hehle ich mir nicht – eines Tages ja doch aufhören wird.

Der Anfang wird ja jetzt gemacht: Mit Hilfe der ‚Pica' (Palestine Jewish Colonisation Association) in Paris und London können jetzt am 19. April (1939) fünfunddreissig Jungen aus unserem Hause nach Palästina fahren, wo sie in dem bekannten frommen Jugenddorf ‚Kfar Honoar' bei Haifa mit Gottes Hilfe vorzüglich untergebracht werden. Ich ‚kämpfe' mit verschiedenen jüdischen Behörden um ein ‚Transportvisum', um die Kinder begleiten zu dürfen, leider bis jetzt ohne Erfolg: Es will kein Mensch dem Konsulat gegenüber garantieren, dass ich auch nicht als illegal drüben bleibe. Wie gerne würde ich drüben bleiben, aber einmal: ich muss zunächst hier auf meinem Posten ausharren, und dann soll ich Mutti und Martha allein hier sitzen lassen? Ich hoffe aber trotzdem, dass es im letzten Augenblick noch gelingt, dass ich die Kinder nach drüben begleiten und einige Wochen dort bleiben darf.

Nicht wahr, Ihr Lieben alle in Erez, das wäre mit Gottes Hilfe ein schönes Wiedersehen!
Ihr könnt Euch natürlich die Vorbereitung vorstellen, bis die fünfunddreissig Kinder alle richtig ausgerüstet sind. ... Mutti kommt nachts bald überhaupt nicht mehr zu Bett – und daneben geht immer wieder die Verschickung von einzelnen Kindern in andere Länder und kommen immer wieder neue Aufnahmen. Diese Woche fahre ich für ein paar Tage nach Paris und Strassburg, um mich über neue Möglichkeiten zu informieren.
Nun, meine Lieben alle, es wird für uns alle, sowohl für Euch draussen als auch namentlich für uns hier, ein ernstes, sorgenvolles Pessachfest sein, aber wir hoffen auf Gott, er wird uns weiterhelfen. In diesem Sinne Euch allen innigst und herzlichst: Gut Pessach!
Euer Euch alle liebender Vati Marx.»
Waisenvater Marx in Frankfurt gehört zu jenen stillen Helden, die unter Aufopferung aller Kräfte und unter Lebensgefahr Hunderte von bedrohten jüdischen Kindern und Erwachsenen das Leben gerettet haben. Aber immer litt er auch unter der Tatsache, dass er soundsoviel Bitten nicht hat erfüllen können. Sein Bericht aus Frankfurt zu Pessach 1939 ist ein Zeugnis jener Menschlichkeit, die den Gehetzten und Verzweifelten Mut und Hoffnung verlieh. Auch den Kindern in Heiden und in Basel.

Jahre in Langenbruck

Nach Ostern 1939 beziehen die siebenundvierzig «Basler» Burschen und Mädchen ihr neues Heim. Es ist das stillgelegte Gasthaus und Hotel *Waldeck* in *Langenbruck*. Breit und gastlich liegt es mitten im Dorf. Sein romantischer Garten wird nun wieder erfüllt vom Lärm junger Menschen, die trotz der Schwere ihres Schicksals junge Menschen bleiben, die singen und spielen und tanzen, die ihre Konflikte haben und ihre unbeschwerten Stunden. Sie fühlen sich hier gut. Sie spüren, dass sie im ganzen freundlich aufgenommen sind im Dorf. Die Kantons- und Gemeindebehörden

sehen in den jugendlichen Emigranten Menschen und nicht einen Überfremdungsfaktor.
Die Erziehungsdirektion von Basel hat das Patronat über das Lager übernommen. Mit Rat und Tat steht es den Damen und Herren vom Hilfskomitee zur Seite. Die Schulzahnklinik der Stadt darf von den Burschen und Mädchen kostenlos benutzt werden. Der Frauenverein Liestal besorgt die Einkäufe für die Heiminsassen. Landwirte und Handwerker, bei denen die Jungen in die Lehre gehen, spendieren Gemüse, Obst, Kleider und manchmal auch Geld. Fünfundsiebzig Patenschaften mit monatlichen Beiträgen zwischen 15 und 75 Franken sichern die finanziellen Aufwendungen des Lagers. Einzelne übernehmen bis zu sechs Patenschaften. Der Arzt in Langenbruck, Dr. *A. Christ,* betreut die Kinder in uneigennütziger Weise. Vereine, Geschäfte und Einzelpersonen schenken Kleider. Eine Mädchen-Pfadfindergruppe hat dreissig Paar wollene Socken gestrickt.
Solches Wohlwollen steht in schroffem Gegensatz zum Verhalten anderer Kantone, die sich nicht vom Geist Henri Dunants, sondern vom Ungeist eines unschweizerischen Chauvinismus leiten lassen.

Die Engherzigen

Für dreihundert Kinder verfolgter Juden in Deutschland hatte der Bundesrat die Einreise und Aufenthaltsbewilligung für sechs Monate erteilt. Hundert waren aus Frankfurt gekommen. Siebzig weitere hatten bis im Mai 1939 einreisen können.
In seinem 5. Jahresbericht, die Zeit vom Mai 1938 bis Mai 1939 umfassend, schrieb das Basler Hilfskomitee für Emigrantenkinder: «Die Eidgenössische Fremdenpolizei konnte sich wohl bereiterklären, die Einreisevisa zu gewähren, sie konnte aber die Kantone nicht zwingen, die Kinder aufzunehmen. Einige Kantone stellten sich ablehnend oder verlangten Kautionen, die einer Ablehnung gleichkamen. Das war um so schmerzlicher, als uns Freiplätze weit über unsern Bedarf angeboten worden waren. So warten jetzt nach bald sechs Monaten so und soviele Kinder auf die ihnen versprochene Einreise und so und soviele Familien auf den in Aussicht

gestellten Gast. Und eine stattliche Anzahl von Kindern, denen die Eltern Pässe und Ausrüstung besorgt haben, werden überhaupt nicht kommen können, weil die Kantone ihnen die Aufnahme verweigern, oder weil die Eidg. Fremdenpolizei nachträglich die Altersgrenze von siebzehn auf vierzehn Jahre herabgesetzt hat.»

Langenbruck: Vier traten eine Bäckerlehre an ...   ... fünf lernten Landwirtschaft.

«Das Asylrecht ist eine Gnade, die wir gewähren oder verweigern können», so hatte der massgebende Luzerner Nationalrat Heinrich Walter gesprochen. Manche Kantone verweigerten diese Gnade und lieferten damit soundso viele Kinder ihren Verfolgern aus. Weit über dreihundert Familien hatten sich bereiterklärt, gefährdete Kinder aufzunehmen, rund zweihundertsechzig konnten schliesslich kommen, weil engstirnige Kantonsbehörden aus Angst, die helvetische Eigenart könnte durch ein paar jüdische Kinder Schaden nehmen, Nein sagten. Die andern blieben draussen vor der Tür. Die meisten mussten später eine Reise antreten, von der es kein Zurück mehr gab.

Aufs Leben vorbereiten

In Langenbruck konnte der Schulbetrieb systematisch aufgebaut und durchgeführt werden. Es war keine leichte Aufgabe. Die Kinder kamen aus ganz verschiedenen sozialen und bildungsmässigen Milieus, sie hatten in den Monaten vor ihrer Einreise in die Schweiz praktisch keinen Schulunterricht mehr genossen und sie waren nach andern Lehrplänen unterrichtet worden. Nun galt es, eine einheitliche Ordnung zu errichten, die doch nach Möglichkeit der Individualität der Einzelnen Rechnung trug. Die Verwurzelung in einer echten und festen Gemeinschaft und die Stärkung des Verantwortungsgefühls für diese Gemeinschaft, das war neben der Vermittlung von Wissen und Können das wesentliche Erziehungsziel.

Das Unterrichtsprogramm sah folgende Fächer vor: Deutsch, Iwrith, Englisch, Rechnen, Geographie, Geschichte, Biologie, Schreiben, Zeichnen, Turnen, Handfertigkeit im Heim – vor allem Holzbearbeitung – und Religionslehre.

Die Schweiz wurde in den Schulunterricht einbezogen. So wurden die Schüler im Fach *Geschichte* bekanntgemacht mit den einfachen Dorfgenossenschaften und der politischen Gemeindeorganisation. Anhand der schweizerischen Verfassungsgeschichte wurde ein Gang durch die wichtigsten Ereignisse der Weltgeschichte angetreten. In der *Geographie* wurden aus Beobachtungen über die Dorfwirtschaft Schlüsse gezogen oder das Gelände in geologisch-morphologischer Hinsicht untersucht, Kartenlesen geübt, sodann, nach einer Einführung in die geographischen und wirtschaftlichen Verhältnisse der Schweiz, vor allem das englische Kolonialreich und andere in Betracht fallenden Auswanderungsländer näher kennengelernt. In der *Naturkunde* wurde das Hauptgewicht auf die Physik gelegt, um ein besseres Verständnis für all die technischen Hilfen zu wecken, die sich der Mensch zunutze machen kann. Im *Turnen* wurden neben den Freiübungen vor allem auch Marsch- und Geländeübungen durchgeführt, um einerseits das Gastland kennenzulernen und anderseits die Einheit der jugendlichen Gemeinschaft zu fördern.

Im Hausdienst machten Knaben wie Mädchen mit.

Die Mädchen, von denen im Frühling 1939 nur noch eines schulpflichtig war, wurden planmässig unter der Leitung von Fräulein Strasser, der ausgebildeten Hausbeamtin, in die Haushaltgeschäfte und ins Kochen eingeführt. Zwei Jahre später legten sie alle mit Erfolg die Hausdienstlehrprüfung in Basel ab.

In Langenbruck konnten nun auch für die schulentlassenen Burschen Lehrstellen gefunden werden. Vier traten eine Koch- und Bäckerlehre an, zwei eine Schreinerlehre, drei eine Schlosserlehre, je einer konnte als Automechaniker-, Spengler-, Schuhmacher- und Malerlehrling beginnen, fünf entschieden sich für eine Landwirtschaftslehre. Vier Tage, von Montag bis Donnerstag, arbeiteten sie bei ihren Meistern; am Freitag und Samstag wurden sie weiter in Iwrith, Englisch, Geschichte, Geographie, Physik, Biologie, Rechnen/Algebra/Geometrie, Korrespondenz, Buchführung und jüdischer Geschichte unterrichtet.
Es bildeten ich spezielle Arbeitsgemeinschaften für Französisch, Religionslehre und allgemeine Probleme.

Zwischen Spannung und Apathie

«Allgemeine Probleme» freilich waren in Langenbruck wie in Heiden dauernd zu bewältigen. Besonders in den Jahren 1939 bis 1941 waren die meisten fast ständig heftigen Spannungen ausgesetzt. Da war die stets gegenwärtige Aufforderung zur Auswanderung; da war das Warten auf Bescheid aus Deutschland, ob den Eltern und Geschwistern, die noch drüben waren, die Auswanderung endlich gelingen werde. Da schrieben die Leute vom SHEK in Zürich unzählige Briefe an unzählige Amtsstellen in der Schweiz, in den USA, in England, Frankreich usw., baten um die Erteilung von Durchreise- und Einreise-Visa, um Schiffsplätze usw. Und in neunundneunzig von hundert Fällen war alles Bemühen vergeblich.
Diese Spannungen gingen an den Kindern, die nun im Pubertätsalter waren, nicht spurlos vorüber.
«Wie unsere Arbeit, so hat auch das Leben unserer Schützlinge sein Kennwort, es heisst: ‚Dauerndes Provisorium'. Wir Menschen können wohl einmal eine grosse Anstrengung aufbringen, uns in einer Prüfung bewähren; eine andauernde Vorläufigkeit ertragen wir schwer. Unsere Schützlinge wissen, dass ihres Bleibens hier nicht ist; in der Mauer, die ihre Weiterwanderung hindert, bestehen zurzeit aber keine Türen, nur kleine Schlupflöcher. Was Wunder, dass sie und ihre Eltern von dem Gedanken und dem Bestreben

Das «Freibad» und die Duschen richteten die Burschen in Langenbruck selber ein.

Im Garten des Gasthauses Waldegg tanzen die sechs Mädchen ihre Tänze.

vielleicht ganz ausgefüllt werden, sie müssten sich da hindurchzwängen! Aber es gelingt selten; man reibt sich nur wund. Schliesslich verfällt man, je nach Veranlagung, ständiger Gereiztheit oder hoffnungsloser Apathie. Vielleicht wird nur der diese Lage ganz verstehen können, der selber einmal in einem dauernden Provisorium Ruhe, Gleichmut und Energie hätte bewahren sollen.»
So heisst es im Jahresbericht des Basler Hilfswerkes für das Jahr 1940/1941.
Im Mai und Juni 1940, als Norwegen, Dänemark, Holland, Belgien, Frankreich nacheinander vor den deutschen Armeen zusammenbrechen und niemand weiss, ob Hitler nicht auch die Schweiz angreifen wird, befällt neue Unruhe und Angst die jungen Leute und ihre Betreuer in Langenbruck.
Vor einiger Zeit haben sie in Giswil im Kanton Obwalden ein Haus gefunden, in das sie im Notfall evakuieren können. Erich A. Hausmann hat einen genauen Evakuationsplan ausgearbeitet. Erkennungsmarken, Notbehelf-Plaidpackungen, Rucksäcke, haltbare Lebensmittel, Listen mit den genauen Personalien der Kinder sind ständig bereitzuhalten. Man ist darauf vorbereitet, den neuen Fluchtort auch zu Fuss zu erreichen.

Dank an einen Lehrer

Erich A. Hausmann ist Soldat im Nachrichten-Detachement IR 22. Hauptmann *Rolf Eberhard,* früher Pfarrer in Bubendorf, ist sein Nachrichtenoffizier, Oberst *Hans Frei* sein Regimentskommandant. In diesem Bereich der Armee kennt man keinen Defaitismus. Hier gilt Widerstand, nicht Anpassung.
Im August 1940 muss Hausmann sich entschliessen, die ihm liebgewordene Aufgabe in Langenbruck ganz aufzugeben. Es fällt ihm schwer, hat er doch zu jedem einzelnen ein ganz persönliches Verhältnis gefunden. Er kennt ihre Nöte. In langen Gesprächen hat er sie mit ihnen durchbesprochen, hat ihnen Mut gemacht, ihnen die Geschichte des jüdischen Volkes in Erinnerung gerufen, hat versucht, ihnen nach besten Kräften ein Vater und Freund zu sein und ihnen zu helfen, ihren Lebensweg zu finden. «Werden wir bessere

Juden, damit ein besseres Judentum geläutert aus dieser Prüfungszeit hervorgeht, und werden wir bessere Menschen, damit dieses furchtbare Defizit an Menschlichkeit überall in der Welt wenigstens in kleinem Massstab ausgeglichen wird.» So schreibt er einmal an «seine» Kinder. Die Freundschaften, die dort zwischen Lehrer und Schülern geschlossen wurden, bleiben Freundschaften fürs Leben.

Bedürfnis nach mehr Wissen

Vier Tage nach der Ankunft in Heiden wird Karola Siegel mit allen andern Kindern auf dem Polizeiamt des Dorfes registriert. Ihr Dossier trägt die Nummer 855 555. Hier wird vermerkt, dass sie ausser ihrem Kinderausweis keine andern amtlichen Papiere besitzt; dass sie zur weiteren Auswanderung in die Schweiz eingereist ist; dass ihr eine vorübergehende Aufenthaltsbewilligung erteilt worden ist, befristet auf sechs Monate; dass das Schweizerische Hilfswerk für Emigrantenkinder für die Kosten des Aufenthaltes aufkomme und dafür monatlich zirka 76 Franken vorgesehen habe. Das Kind sei jüdischer Abstammung und habe einen Onkel, Lothar Hanauer, in Palästina.
In diesem Dossier wird hinfort alles, was Karola Siegel von behördlicher Seite angeht, aufbewahrt. Das Polizeiamt Heiden ist ein freundliches Amt. Es ist auch näher bei den Menschen als die Herren der Eidgenössischen Polizeiabteilung in Bern, die in erster Linie immer Zahlen und erst in zweiter Linie hinter den Zahlen Menschen sehen. Sie erinnern das SHEK regelmässig daran, dass die Auswanderungsvorbereitungen mit aller Energie zu fördern sind, und dass, «sobald sich eine Ausreisemöglichkeit bietet, ... dieselbe unverzüglich zu benützen» sei. Die Aufenthaltsbewilligung wird vorsorglicherweise immer wieder auf sechs Monate beschränkt.
Karola merkt mindestens von diesen behördlichen Ermahnungen kaum etwas. Nur indirekt sind sie Tag für Tag gegenwärtig und im Bewusstsein, dass hier keine Bleibe für die Kinder sein könne.

Ignaz Mandels Schule

Am 1. Mai 1939 wird der Schulbetrieb für die Frankfurter Kinder im Wartheim aufgenommen. Über vierzig Kinder von sechs bis vierzehn Jahren, bunt zusammengewürfelt aus verschiedenen Städten und Dörfern Deutschlands, aus ganz verschiedenen sozialen Milieus stammend, sollen hier zu lebenstüchtigen Menschen herangebildet werden. Einem einzigen Lehrer wird die schwere Aufgabe übertragen.

Ignaz Mandel wohnt bei seiner Mutter in St. Gallen. Er ist leicht gehbehindert, ein eher zurückhaltender Mann. Ein guter, gewissenhafter, verantwortungsbewusster Lehrer, bereit, sein Bestes zu geben. Tag für Tag steht er vor seinen Kindern. Er weiss um ihr Schicksal, um ihre Ängste, ihre Bedrängnisse. Er versteht, dass es ihnen manchmal schwerfällt, sich zu konzentrieren. Er ist geduldig. Vielleicht manchmal zu geduldig. Nicht alle begreifen, warum er viel von den Kindern verlangt. Er weiss, dass sie jetzt mehr noch als vorher lernen müssen, um eine ungewisse Zukunft zu meistern. Er verlangt auch viel von sich. Zuviel wahrscheinlich; denn mehr als vierzig Kinder in acht Klassen gleichzeitig zu unterrichten, das ist fast mehr, als ein Mensch zu leisten vermag.

Die Kinder haben ihn gern, und doch will das gewohnte ruhige Schulklima nicht recht aufkommen.

Insbesondere Karola ist von der Schule ganz und gar nicht befriedigt. Sosehr sie Ignaz Mandel schätzt und weiss, dass kein anderer in diesen Verhältnissen mehr zu geben vermöchte als er, sosehr weiss sie auch, dass sie hier nicht lernen kann, was sie lernen möchte. Lernen, lernen, Wissen sammeln, in fremde, unbekannte Bereiche und Welten eindringen, das bedeutet für sie nicht Last, sondern Lust.

Einige Knaben der Gruppe können die Sekundarschule in Heiden besuchen. Die Mädchen sind davon ausgeschlossen. Warum eigentlich? Sind Mädchen weniger wert als Knaben? Kann die Schule nicht alle aufnehmen? Fehlt es am Geld? Warum kommen dann nicht Sekundarlehrer ins Wartheim?

Mit Neid blickt Karola auf ihre Kameraden, die jeden Morgen das Wartheim verlassen und ins Dorf marschieren. Putz ist unter ihnen.

Ein grosser Teil der Kinder im Wartheim hatte bis zum 10. November 1938 (Kristallnacht) in Deutschland eine gute Schulausbildung genossen. Einige besuchten bereits die Sekundarschule oder das Gymnasium. Dass sie als Emigranten in der Schweiz nicht dort weiterfahren konnten, wo sie aufgehört hatten, ist verständlich. Aber gerade unter diesem Mangel litten einige Kinder schwer.

Putz – so nennen sie hier Walter Ludwig Nothmann – ist ja auch ganz besonders gescheit. Er leiht Karola seine Schulbücher. Abends lernt sie aus ihnen, auf dem Bauch liegend, in der Halle. Im Zimmer dürfen die Kinder abends nicht lesen. Wenn jemand kommt, verschwindet sie mit Büchern und Heften in der Toilette.
Tagsüber schleicht sie manchesmal um Heidens Sekundarschule, wo hinter den Fenstern die Bevorzugten sitzen und mehr lernen können, als Herr Mandel je zu vermitteln vermag.
Ach, wenn sie nur bei ihnen sein könnte!
Vielleicht ist es dieses Ausgeschlossensein, dass sie gelegentlich bei Herrn Mandel nicht das leistet, was sie leisten könnte. «Ich muss mich jetzt mehr zusammennehmen, nicht nur im Benehmen, sondern auch in den Leistungen», mahnt sie sich selber in ihrem Tagebuch. Trotzdem, Befriedigung findet sie keine. «Jetzt sind es nur noch 126 Tage, bis ich aus der Schule komme. Ach, wie ich mich freue! Aber etwas Angst habe ich doch!» Ein paar Monate später, als sie schon weiss, welchen Beruf sie erlernen wird, schreibt sie: «Ach, mir ist so mies vor dem Schulende. Ich kann doch mit der Schulbildung keine Kindergärtnerin werden! Na, vielleicht findet sich noch irgendeine Lösung. Wenn nicht, mache ich halt jetzt den Haushaltvertrag und lerne erst dann Kindergärtnerin!»

Wie es damals war

Immer wieder denkt sie an die Schule in Frankfurt. Was für eine wunderbare Lehrerin war doch Fräulein Spiro! Wie ging sie auf jedes Kind ein, versuchte seine Begabungen zu entdecken und zu fördern. Wie konnte sie einen anspornen und das Lernen zum Vergnügen machen. Gewiss, Fräulein Spiro besass auch ein Heft, in das sie jeweils einen Strich machte, wenn eine Schülerin sich nicht so aufführte, wie es der Anstand verlangte. Karola bekam die meisten Striche, weil sie nicht stillsitzen konnte. Andere erhielten Striche, weil sie logen, die Aufgaben nicht gemacht hatten und so weiter.
Ja, und Fräulein Spiro nannte Karola das i-Pünktchen, weil sie so klein war. In der vierten Klasse avancierte sie dann zum Komma!
Was wohl Fräulein Spiro jetzt machte? Als die Eltern noch schrei-

ben konnten, richteten sie jeweils Grüsse von ihr aus. Ob sie auch deportiert worden war?
Nach der vierten Klasse war Karola in die erste Gymnasialklasse gekommen, zu einer strengen, aber sehr gerechten Klassenlehrerin. Auch die Englischlehrerin hatte sie in guter Erinnerung. Mit Eifer hatte Karola sich in die neue Sprache vertieft. Und der Zeichenlehrer hatte es wunderbar verstanden, die Kinder sehen zu lernen. Nur den Religionslehrer, nein, den hatte sie nicht recht gemocht. Er war so pedantisch, so ohne Humor gewesen. Im ganzen war es eine Lust gewesen, den Lehrern und Lehrerinnen zuzuhören, aufzuschreiben, zu lernen, Aufgaben zu machen. Nie hatte sie genug bekommen.
Im September 1938 waren mehrere Mädchen plötzlich an Kinderlähmung erkrankt. Sechs Wochen mussten die andern zu Hause bleiben. Die Aufgaben wurden ihnen zugeschickt und sie mussten sie allein lösen.
Und dann war der 10. November gekommen ...
Daran wollte Karola nicht denken.
Nur noch ganz unregelmässig hatten sie nachher zur Schule gehen können.
Und jetzt?
Woher hatte sie nur diesen nicht zu stillenden Hunger nach Wissen und Kultur? War das ein Erbe ihres Vaters? Musste sie nachholen, was er nicht hatte erreichen können?
Karola sammelte Kalenderweisheiten und bewahrte sie auf. «Du sollst nicht nur auf das Kind einwirken, sondern das Kind selbst in der intellektuellen Erziehung tätig sein lassen.» Diese Erkenntnis von Heinrich Pestalozzi trug sie jahrelang mit sich herum. Sie sammelte Bilder: Albrecht Dürers berühmte Hände, den Kuss von Rodin, den Kopf eines alten Rabbiners von Rembrandt, die Mutter, die das Kind hält, von Käthe Kollwitz – alles, was ihr in die Hände kam. Eugen Hubers Vers:

> Suche nicht den Kampf zu meiden,
> Dir ist das Ziel gestellt,
> Zu kämpfen und zu leiden
> Für eine bess're Welt.

schien ihr wie für sie geschrieben. Aber wie sollte man für eine bessere Welt kämpfen, wo soviel Unrecht und Gewalt herrschten? Wie sollte man die bessere Welt aufbauen ohne eine richtige Bildung?

Ein Tor fällt zu

Allerdings lernte Karola Ignaz Mandel immer mehr auch als Menschen schätzen. «Ich kann mit ihm über sehr viele Dinge reden. ... Gestern abend diskutierte ich mit ihm über: ‚Bestimmt Gott unsern Weg schon bevor wir geboren sind?' Überhaupt das Thema ‚Gott'!»
Es beschäftigt Karola in zunehmendem Masse. Aber immer wieder verdrängt sie auch zweifelnde Gedanken. Soll sie jetzt noch diesen Halt verlieren? Einmal schreibt sie in ihr Tagebuch: «Im Abgrund des Todes findet man Gott und die Seele.» Es ist das Empfinden eines reifenden Mädchens, bedrängt von allerlei Ängsten, die kaum Ausdruck in Worten finden.
Am Mittwoch, dem 7. April 1943, vermerkt sie: «Heute ist nun wirklich der lang ersehnte Tag da! Heute ist mein letzter Schultag ... Ich habe ein ganz unbeschreiblich komisches Gefühl. Es kommt mir vor, als ob immer schneller das Tor meiner Kindheit zufalle. Das muss ein riesengrosses Tor sein, welches, nachdem es einmal zugefallen ist, nie wieder aufgeht. Ich möchte furchtbar gerne ... einen riesigen Stein zwischen den Türrahmen legen, um zu verhindern, dass dieses Tor ganz zufällt. Dann kann ich immer wieder ... hinter das Tor gehen (in die Kindheit). Hoffentlich gelingt es mir.»
Ihr letztes Zeugnis lautet gut. «Ich bin mit meinem ziemlich zufrieden.» In «Fleiss, Ordnung und Betragen» erhält sie ein «gut». «Ich glaube, dass auch meine Eltern zufrieden sein würden.»

Was weiter?

In ihren geheimsten Träumen wäre Karola gerne Ärztin geworden. Aber daran war überhaupt nicht zu denken. Sie war ein Emigrantenkind. Sie musste, wie die andern, sobald sich eine Gelegenheit bot, die Schweiz verlassen. In der Schweiz hatte bis zu Beginn des Krieges grosse Arbeitslosigkeit geherrscht. Die Krise sass Behörden und Volk noch in den Knochen. Emigranten und Flüchtlinge durften hier nicht arbeiten. Erst nach langen Bemühungen erlaubten die Behörden den Emigrantenkindern eine Berufslehre. Aber was sollten sie lernen? Selbstverständlich einen praktischen Beruf, der sie, wenn der Krieg einmal zu Ende sein würde, auch ernähren konnte. An ein akademisches Studium war überhaupt nicht zu denken, schon gar nicht für die Mädchen. Sie sollten den Haushalt lernen. Sie wurden darauf vorbereitet, gute Dienstmädchen zu werden. Die Burschen konnten Bäcker, Schreiner, Schneider und ähnliche handwerkliche Berufe erlernen. Andere Möglichkeiten lagen fast durchwegs ausserhalb jeder Diskussion.

Karola absolvierte ihre Haushaltlehre im Wartheim. Im Frühling 1943 schloss sie den Haushaltlehrvertrag ab. Jede Woche einmal besuchte sie den Haushaltskurs. Nach zwei Jahren ging sie mit klopfendem Herzen nach Herisau zur Prüfung. In der Theorie schnitt sie sehr gut ab. Im Nähen erhielt sie Note 2. Als ihr beim Kochen die Karotten anbrannten, zog sie die Expertin in ein ablenkendes Gespräch, so dass diese nichts merkte – andernfalls wäre Karola durchs Examen geflogen. «Das war mein Glanzstück an dieser Prüfung!»

In allen Haushaltarbeiten dagegen wurden insbesondere die Mädchen gründlich unterrichtet. Als der Krieg zu Ende war, hätten sie überall als Dienstmädchen arbeiten können ...

Nun also wusste Karola Siegel, wie man die Betten der «Herrschaft» ordentlich machte, wie man die Wohnung lüftete, Strümpfe strickte und stopfte, ein Hemd in zwanzig Minuten von Hand bügelte, Möbel abstaubte und polierte, wie ein gut schweizerisches Essen, nahrhaft und billig, gekocht und serviert wurde.
Es waren zwei nützliche Jahre gewesen. Sie musste das einsehen. Die Behörden und die Damen vom Komitee hatten zweifellos recht, wenn sie die Mädchen etwas Praktisches lernen liessen. Zweifellos.
Aber dass einfach so über sie verfügt wurde, als sei es das Selbstverständlichste von der Welt, dass so fast gar nicht nach den wirklichen Wünschen gefragt und auf die wirklichen Begabungen geachtet wurde, das schmerzte tief innen doch mehr, als sie es zu zeigen wagte. Es rief erneut und nun bohrender als je zuvor in Erinnerung, dass Emigrantenkinder mit der Emigration aufgehört hatten, freie Menschen zu sein, deren Begabung, Wunsch und Willen in Betracht zu ziehen war.
Diese Erkenntnis und Erfahrung würde nie ganz zu verdrängen sein. Die bessere Ausbildung der Kinder war ja das grosse Anliegen aller jüdischen Eltern. Für diese Bildung waren sie zu vielen Opfern bereit. Dass das jetzt nicht möglich war, unterstrich das Dasein in der Fremde.

Alltag im Exil

Geburtstage sind Feste der Kameradschaft, des Schenkens, aber auch der Erinnerung an das, was war, der Sehnsucht.
Auf den 4. Juni der Jahre 1939, 1940 und 1941 erhält Karola Briefe und kleine Geschenke von ihren Eltern, Zeichen der Verbundenheit, des Aneinanderdenkens, der Hoffnung auch, dass die Trennung übers Jahr aufgehoben sein möge.
Am 2. Mai 1941 noch schreibt Karola in ihr Tagebuch: «In vierzehn Tagen habe ich Geburtstag, juchhe!» Dieses «Juchhe!» ist gewiss Vorfreude, aber ein ganz klein wenig ist es auch Wille, so zu

tun, als ob sich eigentlich nicht viel verändert hätte. Nur nicht weinen, nur nicht zu sehr an das denken, was ist.
Am Mittwoch, dem 4. Juni, wird gefeiert. Karola ist am Abend zu müde, den Tag noch zu beschreiben. Aber am 5. Juni notiert sie: «Gestern bin ich dreizehn Jahre alt geworden. Am Morgen bin ich schon ganz früh aufgewacht. Dann gratulierten mir alle Kinder. Als ich dann wieder in das Praktikantinnenzimmer ging, lag auf meinem Bett eine wunderschön gestickte Schürze von Gretli und eine Briefmappe von den Kapps. Von der Edith ein Bild und von Rachele Stoffresten, zwei Bonbons und ein Bild von ihr. Nachher ging ich in den Bubenwaschraum. Da kamen alle und gratulierten mir. Fräulein Hanna sagte, sie wünsche mir, dass ich gross und schlank würde. Frau Berendt sagte, ich solle weiter so ein anständiges und liebes Mädel bleiben. Als ich in den Saal kam, lag auf dem Tisch ein süsses Kleid und eine Bluse und noch weitere schöne Sachen. Von Mathilde, Hannelore und Klärli bekam ich ein Nadelkissen mit Nadeln und von der Mathilde allein ein Büchelchen Klebpapier. Frau Neufeld wünschte mir, ich solle so gut und jüdisch werden wie meine Oma. Es war ein sehr schöner Tag.»
Ignaz Mandel lobt Karolas Fleiss. Er schenkt ihr zwei Heftumschläge und Glanzpapier.
Kleinste und bescheidenste Geschenke werden jetzt grosse Zeichen der Zuneigung, der kindlichen Solidarität. An den Geburtstagen steht jedes Kind im Mittelpunkt. Man ist jemand, wird mit Aufmerksamkeiten überhäuft. Jedes braucht diesen Tag, mehr noch als sonst, in einer Zeit, in der der Einzelne nur wenig gilt, Menschenleben nicht mehr zählen, Anerkennung und Lob selten geworden sind.
Den vierzehnten Geburtstag vermerkt Karola erst drei Tage später in ihrem Tagebuch. Wieder zählt sie auf, was sie alles bekommen hat: Ein Kleid, eine Schürze, Nastücher, ein Nachthemd, eine «tschente» Hose, Süssigkeiten, ein Kofferschild, das Buch *Unter Tieren* von *Manfred Kyber*. «Es war ein wunderbarer Tag.» Nur: Von den Eltern diesmal keine Wünsche. Dieser Schatten bleibt über dem Fest.
Der fünfzehnte Geburtstag scheint nicht ganz so ungetrübt gewesen zu sein. «Nun ist mein Geburtstag vorüber und ich bin eigent-

lich ganz froh darüber. Ich bin zwar materiell nicht enttäuscht worden, aber dafür in anderer Hinsicht, und zwar bei der Gratulation von Frau X.»

«Der Weg der Liebe»

Es ist natürlich, dass die Sympathien wechseln, dass auch Leiterinnen nur Menschen sind und manchmal dem einen Kind sich näher fühlen als dem andern. Kleine Entfremdungen schmerzen, aber sie sind nicht zu umgehen. Dafür ist Ignaz Mandel Karola innerlich nähergekommen. «Ein Mensch im Wartheim, den ich von Tag zu Tag besser leiden kann und mehr verehre. Das ist unser Lehrer Ignaz Mandel. Ich möchte einmal halb so vollkommen sein wie er.» Sosehr sie einmal früher das Ende der Schule herbeigesehnt hat, sosehr möchte sie jetzt wieder gehen. «Ach, ich möchte so gerne lernen und nochmals lernen!» Über den Besuch der Kochschule schreibt sie: «Ich bin so dankbar für alles, was ich lernen darf.»
Beim Putzen von Ignaz Mandels Zimmer sind Else, Max, Putz und Karola auf ein von ihm geführtes Tagebuch gestossen. Sie können es nicht lassen, hineinzuschauen und zu lesen, was da über sie zu entnehmen ist. Karola kann zufrieden sein: «Betragen: gut. Lebhafter und guter Charakter. Fleiss: gut, fleissig. Ordnungssinn: gut. Gute Intelligenz, manchmal durch zu reiche Impulsivität gestört. Etwas klein gewachsen, aber körperlich durchaus normal.»
An einer andern Stelle finden die Neugierigen eine Eintragung, die sie beeindruckt: «Mein Weg als Erzieher muss der Weg der Liebe sein. Wehe mir, wenn ich bloss zu herrschen suche. Lieber ein wenig schlechtere Disziplin und dafür etwas mehr Verstehen und Vertrauen.»
Karola merkt sich diesen Satz. Sie will ihn zu ihrem eigenen Leitspruch machen. Sie ist jetzt Leiterin einer Gruppe kleiner Knaben im Heim. Die «jüngste Kindergärtnerin der Welt». «Die Arbeit bei den Jungen ist sehr schwer, aber durchaus befriedigend.»
Mit Kindern arbeiten, Kinder betreuen, erziehen, mit ihnen fröhlich sein, auf jedes einzelne eingehen – das war schon lange ihr Wunsch. Erziehen heisst lieben. Jetzt, da sie der elterlichen Liebe

entbehren muss, fühlt und versteht sie, wie sehr Kinder der Zuneigung, des Vertrauens, des Ansporns bedürfen, wenn sie innerlich nicht austrocknen sollen.

Zwischen Resignation und Hoffnung

Kurz vor ihrem fünfzehnten Geburtstag schreibt sie in ihr Tagebuch: «Ich zweifle jeden Tag mehr an dem Glauben, meine Lieben je wieder zu sehen. Ich weiss, dass ich die Hoffnung nicht verlieren darf, aber trotzdem fällt es mir sehr schwer, noch daran zu glauben.» Diese schwindende Hoffnung ist eben mitzutragen.
Der sechzehnte Geburtstag ist mit einer tiefen Enttäuschung belastet. «Wieder mal der 4. Juni!» Karola hatte die Erlaubnis erhalten, nach Bex in ein Heim der Jugend-Alijah (zionistische Bewegung für die Heimkehr der Jugend nach Erez Israel) zu fahren. Nun muss sie aber im Heim bleiben, weil sie ihre Haushaltlehre noch nicht beendigt hat. «Ich war zuerst wie vor den Kopf geschlagen und enttäuscht! Aber jetzt heisst es, sich bewähren und durchhalten!» Und dann: «Und jetzt bin ich sechzehn Jahre alt und mit zehn von daheim fort!»

> *Die Hoffnung ist eine göttliche Kraft*
> *in unserer Brust,*
> *ein Zeugnis göttlicher Abkunft,*
> *denn sie treibt uns durch*
> *ein Heimweh, das nie endet,*
> *bis es den Vater findet,*
> *dem Vater entgegen.* (Jeremias Gotthelf)

Auf Kalenderzetteln und in Büchern findet Karola Siegel jene Weisheiten, die ihr durch die Tage helfen. Hier ist es Jeremias Gotthelf, der dem Flüchtlingskind Mut zuspricht und die Hoffnung festigt.

> Werde ich wohl mal an ein Ziel gelangen?
> Zu was bin ich eigentlich da?
> Ich hab das Leben hier so satt, bin ich eigentlich
> immer so unzufrieden, oder was bin
> ich denn überhaupt?

Abgeschlossen von der Welt, ohne Nachricht von den Eltern, ungenügende geistige Anregung – das alles findet Ausdruck im Tagebuch.

> Ich weiss nicht, ob ich nicht zuviel Ge-
> schichten um mich persönlich mache? Gestern
> abend hat uns ein junges Fräulein von ihren
> Erlebnissen aus Bergen-Belsen, und der
> letzten Jahre dort bis die Deutschen 1944
> einmarschiert sind!!!

Als sie ihren siebzehnten Geburtstag feiert, ist der Krieg zu Ende – aber auch manche Hoffnung. «Siebzehn Jahre alt. Was für ein Gefühl. Ich muss besser in mich hineinschauen lernen, mich erziehen und ... mehr Selbstbeherrschung! Alles kocht, sprudelt und kommt zu keinem Ergebnis. Ich suche und suche und weiss nicht genau, was!» Eine Woche später vertraut sie ihrem Tagebuch an: «Ich habe Sehnsucht nach einem Unbekannten! Suche etwas Unbekanntes, kenne mich selbst nicht mehr.» Es ist die schwere Zeit der Reifung. Zweifel an sich selbst bedrängen Karola: «Ich bin doch so mies und dumm! Was wird aus mir? Wer bin ich? Was für ein Recht, welche Pflicht habe ich, da zu sein? ... Ein hohles, leeres und vor allem oberflächliches Ding! Wie wird das werden? Für was lebe ich? Leisten kann ich ja doch nic etwas?»

Diese Zweifel an sich selbst sind die Kehrseite von Karolas nie erlahmendem Lerneifer und Willen, etwas zu werden.

Genug vom Heimleben

Manchmal fühlt sie sich ausgestossen, unverstanden. «Die Grossen waren heute so arg gemein zu mir.» Dann wieder ärgert sie sich über eine Kameradin, die die Leiterin verdächtigt hat: «Pfui Teufel! Da muss man ausspucken! ... Die ganze Nacht konnte ich nicht ruhig schlafen.» Einmal schreibt sie sich allen Zorn über eine erwachsene Helferin von der Seele. Aber dann streicht sie das Geschriebene durch und vermerkt auf dem Seitenrand: «Hier auf diesen zwei Blättern habe ich einen Quatsch geschrieben.» Einsicht oder – Angst, es könnte jemand das Tagebuch lesen? Angst, seinen Gefühlen allzu freien Lauf zu lassen? Wer würde denn ihr Leid, ihren Zorn schon begreifen angesichts dessen, was rings um die Schweiz geschieht?
Wenn sie Vorwürfe wegen ihres scheinbar «launischen» Verhaltens einstecken muss, entschuldigt sie sich und bestickt für eine ungeliebte Kindergärtnerin ein Paar Handschuhe. Äussere Unterwerfung gegen die eigene Natur oder die ehrliche Bemühung, sich besser in der Hand zu behalten?
Viel später stellt Karola sich oft die Frage: Warum haben wir Kinder nie protestiert, auch dort nicht, wo ein Protest berechtigt gewesen wäre?
Dankbar sein.
Manchmal hat sie das Gefühl, die andern wüssten alles viel besser als sie. Sie lachen sie aus, und sie lässt sich so ungern auslachen. Manchmal hat sie den Eindruck, immer wenn etwas schiefgehe, schiebe man ihr die Schuld zu. Dann will sie so tun, als ob ihr das alles «soo wurscht» wäre. «Ich habe ja zwei Ohren. Zum einen rein, zum andern raus.» Aber nur wenige Tage später «kocht und brodelt» wieder alles in ihr. «Das darf niemand lesen, sonst fliege ich aus dem Kinderheim.»

Zehn Tage in Zürich

Heimkoller?
Anfang 1942 hofft sie, über Pessach zu einer Familie nach Zürich zu können. «Vielleicht darf ich! Das wäre wunderbar, einfach phantastisch!! Ich muss mich aber dann ganz, ganz anständig benehmen!» Vergebenc Freude. Es wird nichts aus dem Besuch.
Dafür kann sie im Herbst 1942 zu Familie Guggenheim nach Zürich. «Lieber Gott, wie ich mich freue!» Am 23. Oktober fährt sie. Susy Guggenheim holt Karola am Bahnhof ab. Abends findet sie an ihrem Bett einen Hund aus Marzipan. Nach fast vier Jahren besucht sie zum erstenmal wieder eine Synagoge. Es ist die Synagoge an der Freigutstrasse. Sie spaziert am Zürichsee. Besucht Theatervorstellungen. Sitzt in Cafés. Sie kann, wenn sie zu Bett geht, die Schuhe vor die Türe stellen und am Morgen sind sie geputzt. Sie geht ins Corso-Palais. «Es war einfach phantastisch.» Sie besucht ein Konzert im Kongresshaus. Sie geht in den Zoo. Sie geht ins Kino. Macht eine Wanderung auf den Uetliberg. Es ist, als sei sie in eine schon fast fremde, längst vergessene Welt zurückgekehrt. Sie muss wieder lernen, wie man mit Messer und Gabel umgeht. Zehn unvergessliche Tage.
Dann wieder das Heimleben. Mit den sehr kleinen Abwechslungen. Dann und wann einen Ausflug nach Rorschach. Wanderungen nach St. Anton – Altstätten – Marbach – Heerbrugg und zurück nach Heiden. Znüni in einer Wirtschaft mit Sirup. Zvieri mit Bonbons. Proben für Chanukka. Kindertheater. Erste Übungen mit Skis. Eine Schlittelfahrt. Besuch eines Museums. Sehr selten einen Film. «Der junge Edison», «Mrs. Miniver». Lektüre von Büchern. «So grün war mein Tal» von Richard Llewellyn, «Die Mutter» von Schalom Asch. Alles wird im Tagebuch verzeichnet. Alles ist immer «wunderbar» und «phantastisch». Die Bibliothek im Heim ist klein und geistige Anregung, den Verhältnissen entsprechend, eher kläglich. Man hält sich an die guten Dinge, redet sich selber Mut zu, beschuldigt sich selbst, wenn das «andere» durchbricht. Je länger der Krieg dauert, je länger das Leben im Heim sich hinzieht, um so öfter bricht dieses andere durch.

Lieber Gott, hilf mir!

«Ich fühl' mich hier so schrecklich allein. Ich möchte so gerne jemanden finden, dem ich etwas sein kann und der mich versteht.» Einmal flüchtet Karola mitten aus einem Hausfest in ein Bergrestaurant, weil sie «so zum Kotzen genug hat». Aber, da sie nun in der Gaststube über ihrem Tagebuch sitzt, findet sie: «Ganz hundertprozentig richtig habe ich mich halt doch nicht verhalten.» Sie möchte wieder ins Gleichgewicht kommen, weil sie sich sonst nur kaputtmacht und erst noch durchs Examen fliegt. «Ich werde versuchen, mich so anständig und korrekt wie nur irgend möglich zu verhalten! Lieber Gott, bitte, hilf mir dazu!»
Aber wie kann sie erwarten, dass Gott ihr hilft, da doch ihr Glaube im Laufe der Jahre schwankend geworden ist? Der Boden will ihr unter den Füssen wegfliessen, und im Heim sieht sie niemanden, der ihr jetzt helfen könnte. «Werde ich durchhalten? Ich weiss es nicht! Alles kocht und brodelt, und dann fehlt halt die Selbstbeherrschung! Nachher bereue ich es ja doch, wenn ich jemanden gekränkt oder beleidigt habe. Ich suche und finde nicht, und Geduld habe ich auch nicht. Was ich will, weiss ich nicht, und was ich muss, gleichfalls nicht.
In meinem Innern legt sich alles zur Ruh, und ich komme zu mir selbst zurück. Doch dann schleicht etwas auf mich zu. Es reisst etwas in mir zu Stücken. Alle sind so oberflächlich, und die es nicht sind, ja, die sind weit von hier. Ein Wort kommt immer wieder: Allein, allein ist man auf dieser Welt. Man muss sich durchkämpfen – und trotz allem: allein, allein. Die Eltern vermisst man halt doch sehr. Kein Freund kann sie ersetzen. O, Sehnsucht, Sehnsucht, Sehnsucht! Ich muss jetzt nach Hause. Und ich will neu anfangen!»
Und Karola fängt immer wieder neu an. Ein Wille ist in ihr, stärker als alle Gefühle der Verlassenheit, dieses Leben zu meistern, sich nicht unterkriegen zu lassen.

Freundschaft, Liebe, Beruf

«Den Max habe ich in letzter Zeit sehr gerne. Aber Karola: nimm dich zusammen! Trotzdem, er ist sehr nett zu mir.» So steht es unter dem 23. März 1942 in Karolas Tagebuch.
Sie ist vierzehn Jahre alt – und mag die «Jungens». Sie ist erfüllt von mütterlichen Gefühlen, und gleichzeitig sehnt sie sich nach Liebe, nach Freundschaft, nach Menschen, mit denen sie sprechen kann.
Da ist der kleine *Wolfgang Hirnheimer,* geboren am 26. Dezember 1932 in Würzburg. Seine Eltern konnten Deutschland rechtzeitig verlassen und leben jetzt in England. Karola betreut ihn, wie einen kleinen Bruder.
Und da ist eben Max, dem sie bei den Aufgaben hilft und zu dem sie sich hingezogen fühlt. Sie kennt sich, weiss, wie sehr ihr Herz in Liebe entflammen kann. Sie warnt sich selbst. Aber was hilft es? Am 22. Juni 1972, Max ist mit einigen Mädchen und der Heimleiterin auf dem Säntis, vertraut sie ihrem Tagebuch an: «Es ist scheusslich, wenn Max fort ist! Na, morgen ist er wieder da. Ich muss mich mal unbedingt zusammennehmen.»
Wo Liebe ist, ist auch Eifersucht, Streit, Versöhnung. Dann kommt es zum Bruch. Die Enttäuschung ist gross. Aber: «Nun ja, es geht alles vorüber, es geht alles vorbei. Auf jeden Dezember folgt wieder ein Mai.» Mag der Treulose gehen. Es gibt noch andere nette Burschen im Wartheim.
Putz zum Beispiel, Walter Ludwig Notmann. Geboren am 5. April 1929 in Rybnik, Polen. Sehr intelligent, sprachlich und naturwissenschaftlich begabt, körperlich und handwerklich geschickt. Der Vater war Studienrat. Walter – Putz – durfte die Sekundarschule in Heiden besuchen. Seine Schulbücher sind es, die Karola des Nachts im geheimen begierig studiert. Und also entflammt sie sich für ihn. «Es ist aber keine oberflächliche Freundschaft, sondern einfach eine fabelhafte Kameradschaft.» Wirklich?
Die beiden diskutieren miteinander, sie verstehen sich ausgezeichnet. Oft wünscht Karola, den Putz einmal für einen ganzen Tag nur für sich zu haben, oder ihm eine ganz grosse Freude zu machen.

«Nur will mir gar nichts einfallen, was ihm Freude machen könnte.»
Da mischt sich eine Rivalin in ihr Glück. Jetzt ist sie wirklich eifersüchtig. «Aber er hat mir versprochen, mich lieber zu haben!!!» Sie spricht sich selber Mut zu: «Hauptsache, einer versteht mich und hat mich lieb! Hoffentlich hat er es aber auch?»
Die Krise ist unausweichlich. Die beiden streiten sich. Sie meint, Putz nichts recht machen zu können. Nie kommt er zu ihr. Immer muss sie zu ihm gehen. Dann schreibt sie selbstkritisch: «Überhaupt quatsche ich viel zuviel, was ich mir so gerne abgewöhnen möchte ... Ich muss viel zurückhaltender sein.» Und wieder Aussprache mit festem Willen, sich zu verstehen. Bis es dann im Tagebuch heisst: «Schluss damit! Strich darunter!»

Pfadiführerin

Am 14. November 1943 gründet Moise Fuks im Wartheim eine Pfadfinderabteilung. Klaus und Putz übernehmen die zwei Gruppen mit den Buben. Am 28. November bildet Karola unter Leitung von Moise Fuks eine Meute mit acht Wölfen. Später kommen noch drei Wölfe dazu. Es sind die sechs- bis elfjährigen Knaben. Ihr Pfadiname: Elster – «weil ich so *wahnsinnig* wenig schwatz', noch gleich wie früher». Die Meute bekommt den Namen «Wieseli». Karola hat die Jungpfadfinderinnen-Prüfung gemacht und lernt nun für die Pfadi-Prüfung. Jede Woche einmal versammelt sie sich mit ihren Wölfen. Ihr Wahlspruch: «Mein Bestes!», ihre Parole: «Sei gehorsam!» Ihre Gesetze: «1. Der Wolf folgt den alten Wölfen; 2. der Wolf lässt sich nicht gehen.» Karolas Ziel mit ihrer Meute: «Den Jungen, die hier im Wartheim so wenig geistige Anregung haben, das alles, was sie normalerweise brauchen, zu geben! Noch mehr; ich möchte, dass zwischen meiner Meute und mir ein herzliches Verstehen und ein Sich-Entgegenkommen herrscht. Dies alles, das weiss ich genau, ist nur durch grosse Geduld und mit viel Liebe erreichbar. Anderseits durch grösste Disziplin.»
Die Arbeit mit den Wölfen befriedigt, zudem sammelt sie Erfahrungen für den Beruf, den sie erlernen möchte: Kindergärtnerin.

Sie lernt *Leni Rohner,* die Leiterin der Pfadfinderinnengruppe in Heiden, kennen und befreundet sich mit ihr. Leni Rohner behandelt Karola und ihre Wölfe wie ihresgleichen. Sie kennt keinen Unterschied zwischen Schweizer- und Emigrantenkindern. Sie ist eine fröhliche junge Frau, steckt mit ihrem herzlichen Lachen die andern an, singt gerne. In ihrer Nähe fühlt man sich wohl. Sie ist eine «wahre Pfadfinderin». Die Freundschaft, die hier wächst, wird alle kommenden Jahre überdauern.

Der Geist des Helfens, des Füreinanderseins ist gerade in diesen Jahren des Krieges und der Trennung von Eltern und Heimat besonders wichtig.

Auch in Moise Fuks, genannt «Büffel», findet Karola einen guten Kameraden, mit dem sie vieles besprechen kann. Als er am 27. Juli 1944 das Wartheim verlässt, empfindet Karola das als einen harten Schlag. «Er war mir wirklich in jeder Hinsicht ein Pfadfinder.»

Karola Siegel mit ihren Wölfen:
Vertrauen und herzliches Verstehen.

Leni Rohner (vorne rechts):
Keinen Unterschied zwischen
Schweizer- und Emigrantenkindern.

Helli

Von besonderer Bedeutung für Karola ist die Freundschaft mit *Helen Haumesser*. Sie kommt als Kindergärtnerin ins Wartheim und besitzt das, was eine Kindergärtnerin besitzen sollte: Einfühlungsvermögen, Liebe, Geduld, Verständnis und jene Strenge, die nichts Herrisches, Kaltes hat.

Karola: «Ich habe ausser mit Büffel noch nie mit einem Erwachsenen so gut gestanden. Sie ist einfach ein toller Kerl ... Sie ist mir wirklich all das, was ich in den letzten fünf Jahren vermisst habe. Aber ich will auch zu ihr stehen, was auch kommt!»

Wann immer sie Probleme hat, kann Karola zu «Helli» gehen. Sie hat Zeit für sie. Bis in die Nacht hinein diskutiert die Erwachsene mit dem heranreifenden Mädchen, das jetzt mit tausend Problemen und Bedrängnissen beladen ist. Als Helen Haumesser am 23. Februar 1945 das Wartheim verlässt, kann Karola diese Trennung nur schwer überwinden. Am 11. Februar hat sie ihr im Tagebuch einen «Brief» geschrieben, den sie nie abschickte: «Helli, weisst Du, ich habe schon jetzt Sehnsucht nach Dir, bevor Du überhaupt weg bist. Obwohl ich (Sie) zu Dir sage – wenn ich an Dich denke, fühle ich ‚Du'. Ich bin stolz, dass Du mir Dein Vertrauen schenkst, aber ... verdiene ich es? Als ich letzthin mit Dir sprach, ging mir so viel durch den Kopf. Ich habe Angst, nicht mehr weiter zu kommen, in und mit mir! Du bist religiös, gescheit, gebildet – ich weiss nicht was noch und ... Du bist der einzige Mensch, dem ich bis jetzt mein volles Vertrauen schenkte, und Du verstehst mich mit allen meinen Fehlern. Du bist die einzige, die an mich glaubte, als ich Dir *das* sagte, was sonst *keinem!* Ich habe Dich lieb, fast wie eine Mutter, und das soll und muss aufhören, ja sogar schon bald ... Ich habe das Gefühl, etwas Schwarzes, Dunkles, Unentrinnbares, Undurchdringliches muss dann kommen. Helli, eigentlich darf ich nicht so denken, aber ...

Du hast mir so viel geholfen, in welcher Beziehung es auch sei, Du hast viel durchgemacht, und ich kann und konnte Dir nicht helfen, nur fühlen und denken. Man meint, man müsse zerspringen, die Welt würde untergehen, aber nichts, gar nichts ändert sich! Erbarmungslos läuft ein Tag wie der andere! Morgens, mittags, abends,

nur nachts ist es anders. Aber dann ist man so müde, dass man ohne zu wollen einschläft ...
Ich darf eigentlich weder ‚Helli' sagen noch denken, aber es fällt mir kein anderer Name ein ... ‚Hell', wirklich, das warst Du für mich. Wenn Du nicht gekommen wärest, was wäre aus mir geworden? Und trotzdem, ich schwärme absolut *nicht* für Dich, ich könnte auch nicht für Dich schwärmen, so wie ein Backfisch für einen Stern oder eine Flamme! Welches Kind könnte für seine Mutter schwärmen?»

Helen Haumesser:
Sie hatte, was die Kinder brauchten, Einfühlungsvermögen, Liebe, Geduld.

Als Helen Haumesser Heiden verlassen hat, schreibt Karola in ihr Tagebuch: «Schuften, schuften und nochmals schuften, damit ich nicht soviel an sie denke, und mein Examen bestehe! Lieber Gott, hilf mir auf den graden Weg!»
In seelischen Mangelzeiten werden freundliche Menschen zum Halt, ohne den das Bestehen nur schwer gelingen würde.

Am liebsten mit Kindern

Am 10. April 1945 besteht Karola die Haushaltprüfung. Einerseits ist sie stolz auf die bestandene Prüfung, anderseits denkt sie mit Bitterkeit an die Jahre im Wartheim, besonders an die zwei letzten Jahre. Wie gerne hätte sie entsprechend ihren Begabungen und ihren Wünschen gelernt, einen richtigen Beruf, ein richtiges Studium ergriffen. Waren es nicht verlorene Jahre?

Nun hat sie sich für den Beruf der Kindergärtnerin entschieden. In ihrem Lebenslauf, in dem sie diesen Berufswunsch begründet, schreibt sie: «Ich beschäftigte mich schon früher sehr gerne mit kleinen Kindern und hatte hier im Heim auch Gelegenheit, mit ihnen zu kleben, zu basteln, zu flechten, zu singen und sie zu beobachten. Ich möchte gerne den Beruf einer Kindergärtnerin erlernen, und ich hoffe, darin etwas leisten zu können.»

Vom Wartheim wird der quicklebendigen und «jüngsten Kindergärtnerin der Welt» attestiert, dass sie sich am liebsten mit Kindern beschäftige und es ausgezeichnet mit ihnen verstehe. Weil sie so klein sei, hätten die Kinder leichten Zugang zu ihr, trotzdem könne sie sehr energisch sein. Sie sei die geborene Kindergärtnerin und fühle sich für die kleinen Kinder verantwortlich.

Jahre später wird Karola sich bewusst, was sie zu Kindern hinzog, die jünger waren als sie. Sie fühlte, dass sie ihnen das geben musste, was sie selbst entbehrt hatte: Elternhaus, Liebe, Geborgenheit bei Vater und Mutter. Mangel wandelte sich in Hingabe an die andern. Aus den Stunden der Verzweiflung wuchs der Wille, ihr Leben zu meistern im Dienst am Nächsten, aus den nächtlichen Tränen kam die Kraft, nicht aufzugeben. Und dann war da auch immer wieder

Haushalt-Lehrvertrag

~~Herr~~ *Dr. Schw. Hilfswerk für jüd. Flüchtlingskinder* als ~~Vater, Mutter~~
~~Frau~~ (Vormund)
(genaue Adresse) *Claridenstr. 36, Zürich*
gibt seine~~n~~ (ihre) *Säugling Karola Siegel*
~~Tochter~~
Mündel
geb. den *4. Juni 1928* zur Erlernung der Hauswirtschaft
zu Frau *Ruth Bernath*
(genaue Adresse) *Kinderheim Wartheim*
Heiden in die Lehre.

Haushaltlehre: Verlorene Jahre – oder Stolz auf die bestandene Prüfung?

auf die Frage zu antworten: Warum lebe ich? Warum bin gerade ich verschont worden vor der Deportation, während Zehntausende andere den dunklen Weg zu Ende gehen musste?
Da waren doch im Oktober 1942 einige Kinder aus Gurs illegal in die Schweiz gekommen, einige von ihnen ins Wartheim. Sie hatten erzählt, wie es im Lager gewesen war. «Jetzt kommt einem mal wirklich recht vor Augen, wie schrecklich gut wir es haben.»
Dankbarkeit war da nicht mehr eine Forderung phantasieloser Menschen, sie kam von innen und wurde zur Verpflichtung gegenüber den Nebenmenschen.
Im Mai 1945 wurde Karola vom Kindergärtnerinnen-Seminar «Sonnegg» in Ebnat-Kappel zur Ausbildung angenommen. Im Oktober 1945 sollte sie eintreten. Sie freute sich darauf. Sie hatte das Seminar besucht und war freundlich empfangen worden. 150 Franken monatliches «Lehrgeld» hatte das SHEK ihr bewilligt. Zehn Franken würde sie als Taschengeld pro Monat erhalten.
Es kam dann alles ganz anders.

Dann war der Krieg zu Ende

«Es ist Freitagabend. Der Tisch ist festlich gedeckt, und wir sind gerade dabei, unseren Dessert zu essen. Plötzlich klingelt das Telephon. Im Saal ist es mäuschenstill. Wir hören Frau Berendts Stimme: ‚Aber das ist ja ganz wunderbar!' ... Ein paar von uns fangen an zu raten, was der freudige Ausruf wohl bedeuten möge. ... Dann steht sie unter der Türe. Sie hat Tränen in den Augen. ‚Liebe Kinder, soeben habe ich eine sehr wichtige Nachricht erhalten. *Der Krieg ist zugunsten der Alliierten aus!*' Anstatt dass, wie man sich denken könnte, ein riesiges Getobe anfängt, ist es ganz still im Saal. Jedes denkt an die Möglichkeit, innerhalb weniger Tage seine so lange entbehrten Eltern und Verwandten wiederzusehen. ... Frau Berendt sagt, dass wir am Sonntag alle unsere Koffer packen sollten ... Das Aufwachen am Sabbath ist das Schönste meines bisherigen Lebens. Mein erster Gedanke: ‚Der schreckliche Krieg ist aus!'

... Am Sonntagmorgen fangen wir alle an, unsere Koffer zu packen. Ist das ein Hin und Her! ‚Ach, wie ich mich freue!' – ‚Was werden meine Lieben sagen, wenn ich auf einmal zu ihnen hinspringe!' – ‚Ich glaube, wenn ich meine Eltern wiedersehe, weiss ich gar nichts zu sagen!' So geht das Geschrei von einer Ecke des Saales zur andern.
... Es gibt ein rührendes Abschiednehmen; denn wir waren jetzt vier Jahre zusammen und hatten uns aneinander gewöhnt. ... Dann stehen wir alle am Genfer Bahnhof; denn jetzt kommt der grosse Augenblick, wo wir unsere Lieben, die direkt von Polen kommen, abholen. Ist das ein Hin und Her, bis sich alle gefunden haben. Unsere Lieben sehen sehr schlecht aus ...
Acht Tage später befinden wir uns im Hafen von Tel Aviv. ... Meine Grosseltern mütterlicherseits und meine Grossmutter väterlicherseits bleiben in Tel Aviv bei unsern Verwandten. Meine Eltern und ich fahren mit meinem Onkel, der schon zwei Jahre hier ist, zu einem benachbarten Kibbuz. Meine Mutter und ihre Geschwister finden sich sofort wieder bei der Landarbeit zurecht. Mein Vater findet auch eine angenehme Beschäftigung und ich gehe als Kindergärtnerin in das Kinderheim des Kibbuz ... Wir alle haben ein kleines Häuschen für uns.»
Dies ist *nicht* der Bericht der Karola Siegel von dem, was wirklich geschehen ist. Es sind Auszüge aus einem Aufsatz, den sie am 16. September 1942 unter dem Titel «Nach dem Kriege» geschrieben hat. Es ist eine Vision, eine Hoffnung. Denn der Krieg, dieser schreckliche Krieg, ist noch lange nicht zu Ende.
Auch als er schon entschieden ist, peitscht Hitler «sein Volk» und «seine Wehrmacht» immer wieder in sinnlose, blutige Schlachten. Immer mehr Städte Europas verbrennen, und ihre schwarzen Ruinen prägen das Gesicht dieses unglücklichen Kontinents. Und «sein Volk» gehorcht «seinem Führer», verblendet und betäubt vom Gift des Völker- und Rassenhasses.
Auch im Wartheim kann die Wirklichkeit dessen, was in Deutschland geschieht, nun nicht mehr länger verdrängt werden. Aus dem Schreckenslager Bergen-Belsen kommen Kinder auch ins Wartheim. Gerettete Juden aus Ungarn tauchen auf und erzählen von dem, was sie durchgemacht haben, berichten von den Massenmor-

den, den Gaskammern, den Folterkellern. Karola empfindet es als ein Wunder Gottes, dass diese Geflüchteten noch leben, und dann fragt sie sich: «Und Du, ein winziges Sandkorn zwischen all dem Schrecklichen, Du hast mit Dir so viel zu tun, und machst solch ein Getue aus Dir. Was bist Du denn? Warum? Warum all diese Grausamkeiten? Was ist das, ein Jude sein? Bin ich Deutsche, bin ich Jude? ... Wie soll das erst später werden? ... Schau Dir die andern an, die das alles mitgemacht haben. Können die je wieder von Herzen lachen und froh sein? Ich glaube nein! Und für was das alles? Weil wir einen andern Glauben haben?»

Der Krieg ist aus ...

Am 7. Mai 1945 vermerkt Karola in ihrem Tagebuch: «Der Krieg ist aus, das heisst, der Frieden ist da: denn der Krieg ist noch lange nicht aus! Ich weiss nicht, was ich darüber denken soll. Ich bin froh, dass dieser Kanonendonner und diese Menschenschlächterei aufhört, aber richtig von innen heraus kann ich mich nicht freuen. Die Kanonen schweigen, die Herzen fangen wieder an zu sprechen!»
Das Kriegsende bringt die Gewissheit, dass es kein Wiedersehen mit den Eltern geben wird. Mitte Mai werden im Wartheim Listen mit Namen von Deportierten verlesen, die noch leben. Die Kinder warten, ob die Namen ihrer Väter und Mütter dabei sind. «Ein schreckliches Gefühl, wenn man Listen liest und auf zwei, drei Namen wartet, Atem anhält – dann fertig – nichts. Kalt – leer!» So lautet die Eintragung vom 18. Mai 1945.

Entscheid für Palästina

Karola und ihre Kameradinnen und Kameraden müssen nun selber bestimmen, was aus ihnen werden soll. Es sind schwierige Entscheide, zu schwer fast für die jungen, noch nicht erwachsenen Menschen. Viele wählen, beeinflusst von Vertretern der Jugend-Alijah (Jugendbewegung für die Einwanderung nach Palästina) und unter dem Eindruck dessen, was in Deutschland geschehen ist, Palästina. «Was heisst das, Jude sein?» So hatte Karola gefragt. Und sie antwortete: «Ich sehe immer mehr ein: Wir müssen ein eigenes Land haben. Wenn auch nicht alle Juden hingehen können, so sind sie doch wenigstens einem Staat angehörig und geschützt und nicht wie jetzt vogelfrei!» Es ist grauenhaft, die Berichte aus den Vernichtungslagern zu hören. Sie erinnert sich an den Tag, an dem sie ihren Vater und dann die Mutter und die Grossmutter zum letzten Mal gesehen hat. Sie will das nicht verdrängen. Es bestärkt sie in ihrem Entschluss, nach Palästina zu fahren. «Wir wollen ein neues starkes Geschlecht! Wir fordern die jüdische Ehre!»

```
             300  K.A.              Vollwaise
   WH
   Si̶e̶gel, Karola, geb. 4. Juni 1928
                       4. April 1938, jüd.
   SARA                              Bahnstr. 8.
                                     7 Nov. 1941 deport. nach Polen.
                 D.Adr: Frankfurt/M, Franzstrasse 8. 1. Rückreise.
                        Kinderheim Wartheim, Heiden.
   ab 7.7.45 :Bex, Jugend-Alijahheim.


   angekommen am 5. Jan. 1939
   abgereist am 30.8.45. nach Palästina.
                               12. März
   Kinderausweis   Frankfurt/M, 17.Dez.1938, Nr. 20584/38, mit J +
   Nr.20584/38     gültig nur bis 16. Dez.1939                Photo
                   "zur Auswanderung nach der Schweiz"
          v.deutsch.Kons.St.Gall.am 24.V.40 verläng.bis 23.Mai 1941
   Aufenthaltsbewilligung:        bis 5. Juli,1939
                      Vorbereitung der Auswanderung
   Aufenthaltsbewilligung verlängert bis 5. Oktober 1939
          "          "     verlängert bis 5. April 1940
          "          "     verlängert bis 5. Okt. 1940
       Toleranzbew.  verlängert bis 5. April 1941
          "          "            bis 5. Okt. 1941
          "          "            bis 5. Apr. 1942 rm.Fr.z.Ausr
          "          "            bis 5.Okt. 1942 m.Fr.z.A.
          "          "            bis 5.Apr. 1943 "    "
          "          "            bis 5.Okt.1943  "  f.Y.44
          "          "            bis 5.Apr. 1944 "
          "          "            bis 5.Okt. 1944 "  wenden
          "          "            " 5. Apr. 1945.44 "
          "          "            " 5.E. Okt 1945  /dahin 31.8.45
```

Von einem halben Jahr zum andern wurde ab 1939 bis 1945 die Aufenthaltsbewilligung für die Emigrantenkinder erteilt. Als der Krieg zu Ende war, drängten die Behörden die Hilfswerke immer intensiver, die Weiterwanderung der – elternlosen – Gäste zu verwirklichen. – Karola Siegels Aufenthalts-Formular (oben) nach sechs Jahren.

Aber: Ist das ihre Sprache?
Karola fühlt sich als Jüdin, und sie will den kommenden Staat mit aufbauen helfen. Aber gleichzeitig fühlt sie inneren Widerstand gegen den Fanatismus übereifriger Zionisten. Sie empfindet Achtung für alle anständigen Menschen, welchen Glaubens sie auch seien. Sie denkt an Helen Haumesser, an Leni Rohner. Soll sie sich besser wähnen als diese beiden? Irgendwo widerstrebt es ihr, in einem Kollektiv unterzutauchen. Sie möchte endlich sich selber sein. Hat sie nicht genug vom Leben in der Gemeinschaft, das sie nun während mehr als sechs Jahren nicht nur fruchtbar erlebt, sondern auch erlitten hat? Sie will und muss sich selber ganz ehrlich fragen und antworten: Willst du und kannst du das auf dich nehmen, was dich in Palästina erwartet? Wirst du im Kibbuz leben können? Noch herrscht dort Kampf um Israel.

Auf sich allein gestellt

Es ist eine schwierige, krisenhafte Zeit, die sie in diesen ersten Monaten des Jahres 1945 zu bestehen hat. Die nun fast sichere Gewissheit, dass sie die Eltern nie mehr sehen wird, dass sie ohne ihren Rat alles selber entscheiden muss, lastet auf ihr. Die Sehnsucht nach Freiheit, nach freier Gestaltung ihres Lebens steht im Widerstreit mit der Verpflichtung ihrem Volk gegenüber, das sich jetzt in Palästina sammelt und das erwartet, dass auch sie sich dem Aufbau zur Verfügung stellt.

Sie ist skeptisch gegen Menschen, die so sehr den Wert der Gemeinschaft rühmen, und sie fragt sich, ob es sich dabei nicht um den Ersatz für eine ausgeprägte Ich-Betonung handelt. «Ich möchte allen Menschen ein loyales Verständnis zeigen und nicht, wie die fanatischen Zionisten, alles andere verurteilen!»

Man soll aus der jüdischen Jugend eine *bewusste* Jugend, aber keine Parteimenschen machen. «Erez Israel braucht nach dem Krieg Menschen (keine Fanatiker), die für die andern da sind und aufbauen wollen.»

In einem Lager Ende April 1945 werden ihre Zweifel scheinbar beseitigt: «Ich habe versprochen, dass ich meinem Bund, meinem

Volk, meiner Sprache und meiner Kultur, das heisst der jüdischen Kultur, treu bleiben werde, und ich werde dies auch halten, komme, was mag. ... Jedenfalls sehe ich die ganze Sache heute anders an als vor dem Lager.»
Doch erneut überfallen sie skeptische Fragen, ob der eingeschlagene auch der richtige Weg sei.
In Wirklichkeit hat sie gewählt. Besser: Das Schicksal lässt ihr gar keine andere Wahl. Zu einer Tante nach England kann sie nicht, nach den USA ebenfalls nicht. Eine Rückkehr nach Deutschland, in dem niemand von ihren Angehörigen mehr lebt, kommt nicht in Frage. Und die Schweiz erinnert ihre Flüchtlinge jetzt wieder besonders intensiv daran, dass sie die erste Gelegenheit zur Weiterwanderung wahrzunehmen haben.

Abschied vom Wartheim

Am 7. Juli 1945 verlässt sie mit andern Kindern das Wartheim. Mit gemischten Gefühlen. Da ist die Tatsache, dass sie hier überlebt hat. Sie hat hier Freunde gewonnen, hat erfahren, was es heisst, in einer Gruppe aufgenommen zu sein. Wenn sie alles Freundliche, Gute, das ihr hier zuteil wurde, zusammenzählt, gibt es eine schöne Summe. Aber da ist dann auch noch die andere Rechnung, die nicht so positiv lautet. Soll sie jetzt über diese Rechnung nachdenken? Nun, da ein neues Leben beginnen wird?
Sie hat den Leitern des Kindergärtnerinnen-Seminars «Sonnegg» in Ebnat-Kappel noch einmal gedankt, dass sie sie aufnehmen wollten. Und eigentlich tut es ihr auch ein wenig leid, dass die gewünschte Berufsausbildung nun noch einmal hinausgeschoben wird. Anderseits mochte sie die Möglichkeit, mit einem legalen Transport nach Palästina zu gelangen, nicht ausschlagen.
Die Gruppe aus dem Wartheim fährt nach Bex, wo sie auf die Reise nach Palästina vorbereitet wird.
Karola verbringt noch manche schlaflose Nacht bis zum 30. August. An diesem Tag werden die Flüchtlingskinder die Schweiz verlassen. Am Vorabend feiern sie in einem Saal in Genf Abschied. Karola, von ihren Kameraden beauftragt, dankt in einer Rede der

Schweiz und allen Menschen, die ihnen geholfen haben. Jetzt, da eine wichtige Epoche in ihrem Leben zu Ende geht, kommt der Dank im Namen aller aus tiefem Herzen. Die vielen Menschen, die vor ihr sitzen und ihren Worten aufmerksam zuhören, klatschen lange Beifall.

In Frankreich

Der Zug passiert die Grenze. Sie sind in Frankreich, in dem Land, das noch bis vor kurzem besetztes Gebiet war, in dem die Eltern mancher Kinder Zuflucht vor den nazistischen Häschern gesucht hatten – zumeist vergebens. Der Zug fährt langsam. Die Kinder sehen zerbombte Bahnhöfe, ausgebrannte Dörfer und Städte.
Auf einem Bahnhof, auf dem sie lange warten müssen, begegnen sie einen Güterzug, der Richtung Norden fährt. Die Wagen sind überfüllt mit Männern. Es sind deutsche Soldaten. Kriegsgefangene. Sie sehen mitgenommen aus, bleich, unrasiert in ihren schäbigen Uniformen.
Die Kinder schauen sie an. Kein Wort kommt über ihre Lippen. Sie denken: In solchen Güterwagen wurden unsere Eltern nach Osten verfrachtet. Wie Vieh wurden sie verladen. Nun sind es die Herrenmenschen, die in Viehwagen die Reise in die Gefangenschaft antreten. Der Traum vom Tausendjährigen Reich ist ausgeträumt. Die Verfolger von gestern sind heute selber nur noch armselige Gestalten, Kreaturen, die auf dem Schachbrett der Geschichte verschoben werden, so wie sie vorher Unschuldige nicht nur verschoben, sondern vernichtet haben.
Die Kinder schweigen.
In Marseille verbringen sie die Nacht in Zelten, die für sie bereitgemacht wurden. Zum erstenmal sieht Karola das Meer.
Dann besteigen sie das Schiff und beginnen ihre Fahrt zu «neuen Ufern». Abschied von Europa, das ihre Heimat war und das sie ausgestossen hat. Entgegen einem fremden Land, das doch in den Herzen der Juden über alle Generationen und Verfolgungen hinweg die wahre Heimat geblieben ist: Erez Israel.

Rückkehr nach 2000 Jahren

Auf dem Schiff lernen die Burschen und Mädchen weiter Iwrith, die neuhebräische Sprache. Die Juden, die jetzt aus aller Welt, vor allem aber aus Europa, legal und illegal nach Palästina fahren, sprechen viele Sprachen: deutsch, englisch, französisch, holländisch, italienisch, polnisch, tschechisch, russisch, jiddisch. Äusserlich haben sie sich an die Herkunftsländer angepasst. Ihre Religion aber und die Verfolgungen haben sie Juden bleiben lassen. Erez Israel ist zunächst noch eine Vorstellung, eine Vision, verklärt durch die jahrtausendealte Sehnsucht, eine Hoffnung, die jetzt erfüllt wird, eine Utopie, die nun in greifbare Nähe gerückt ist. Iwrith wird das Band sein, das dieses streitbare und streitsüchtige, dieses halsstarrige und demütige, dieses widersprechende und liebende, dieses widerspruchsvolle, schwer zu begreifende, aber in keiner Vertreibung und Niederlage unterzukriegende und in seinen grossen Persönlichkeiten beispielhafte Volk zusammenhalten soll.
Die jungen Seefahrer wissen: Palästina ist kein Rosengarten. Sie werden in ein Land kommen, in dem der Krieg noch nicht zu Ende ist. Sie wissen vom Grossmufti von Jerusalem, der mit den Nazis gemeinsame Sache gemacht hat und von einem vernichtenden Hass angetrieben den Juden Tod und Verderben prophezeit. Sie wissen, dass schwere Arbeit und ein entbehrungsreiches Leben auf sie wartet. Manchmal fragt Karola sich und andere, ob es richtig sei, Kinder und Jugendliche, die Eltern und Heimat verloren haben, in dieses ihnen doch fremde und kampferfüllte Land zu schicken, neuen Gefahren auszusetzen. Aber sie verscheucht solche Gedanken. Sie singt und tanzt mit den Kameradinnen und Kameraden.
Und dann sind sie vor Haifa. Bevor sie in den Hafen einfahren, schauen sie das Land, das ihre Vorfahren vor zweitausend Jahren verlassen haben. Durch alle Generationen haben die Rabbiner und Lehrer in den Schulen und in den Synagogen von diesem Land gesprochen, in das Gott selber die Juden einst geführt habe, und in das er sie auch wieder zurückbringen werde, wenn die Zeit gekommen sei.
Nun also ist die Zeit gekommen.

Sie steigen an Land, werden auf einen von Stacheldraht umzäunten Platz gebracht. Sie drängen sich an den Zaun, halten Ausschau nach Verwandten. Karola sieht unter den Wartenden ihren Onkel, Lothar Hanauer, den Bruder ihrer Mutter. Sie winkt ihm. Er winkt ihr. Als die Ankömmlinge freigelassen sind, umarmen sie sich. Sprechen irgend etwas. Was sollen sie sagen in diesem Augenblick? Die meisten «Schweizer» haben Verwandte und Bekannte in Palästina. Wiedersehensfreude – gedämpft durch die Tatsache, dass die Liebsten in Europa eines schrecklichen Todes gestorben sind.

Im Kibbuz

Die Gruppe aus der Schweiz teilt sich in zwei kleinere Trupps, die in zwei verschiedene Kibbuzzim gehen.
Schon am nächsten Tag beginnt der Alltag. Karola wechselt alle zwei Stunden zu einer andern Arbeit. Sie pflückt Tomaten, Bananen, hütet Kinder, putzt Toiletten. Im Kibbuz verrichten alle jede Arbeit. Im Kibbuz herrscht Gleichheit. Hier wird ein brüderlicher Kommunismus verwirklicht, in dem Privatbesitz aufgehoben ist und der keine Herrschaft von Menschen über Menschen mehr kennt. Ausserdem sind die Kubbuzzim Wehrdörfer. Tag und Nacht stehen Männer Wache. Wenn die Araber angreifen, greifen die Kibbuzniks zu ihren Gewehren und schiessen zurück.
Gelegentlich rücken englische Soldaten an, suchen nach Waffen. Es ist unangenehm. Aber es ist kein Vergleich mit den Nazis. Irgendwo ist bei der Auseinandersetzung mit der Mandatsmacht immer wieder auch ein gewisses Einvernehmen spürbar. Die Engländer sind nicht eigentlich Feinde, sie gehen nicht auf Vernichtung aus. Meistens finden sie keine Waffen ...
In der Tat, es ist ein schweres Leben. Aber Karola sagt sich: Jede Arbeit hier hat ihren Sinn. Wir bauen ein Land auf. Mein Land. Unser Land. Das Leben hier ist nun mein Leben.
Nach einem Jahr verbringt sie zwei Wochen bei Onkel Lothar Hanauer. Als sie in den Kibbuz zurückkehrt, ist ihre Gruppe nicht mehr da. Karola sucht sich einen andern Kibbuz in der Nähe von

Haifa. Jetzt endlich möchte sie ihren Berufswunsch erfüllen: Kindergärtnerin. Es ist schwer vom Kibbuz aus. Sie sucht irgendwo zu wohnen. Sie findet eine Familie, die auch aus Deutschland stammt. Der Mann war Rechtsanwalt, jetzt verdient er sein Leben als Schreiner. Die Frau hilft Karola, muntert sie auf, den Beruf zu lernen. Karola verlässt den Kibbuz. Geht nach Jerusalem. Drei Monate muss sie auf den Kursbeginn warten. Sie hilft in einem Haushalt, um leben zu können, putzt bei einer Familie, hütet kleine Kinder, bügelt Wäsche – und hat Hunger, so sehr, dass sie einmal Fleisch aus dem Suppentopf der «Herrschaft» nimmt. Die Leute denken nicht daran, dass Karola kein Geld besitzt, dass sie Hunger hat.

Aber Karola beisst auf die Zähne. Als sie endlich im Seminar ist, arbeitet sie weiter. In einem Mädchenheim findet sie ein Zimmer. Sie lernt Englisch und Iwrith. Manchmal ist sie so müde, dass sie kaum mehr die Augen offenhalten kann.

Sie freundet sich mit einem jemenitischen Mädchen an, deren Vater einst Thoraschreiber war. Es ist eine einfache Familie. Sie besitzt kein Geld. Aber es sind wahre Freunde. Es sind Menschen.

Die meisten Emigrantenkinder, die während des Krieges im Wartheim oder in Langenbruck untergebracht waren, und die nach dem damaligen Palästina ausreisten, traten in Kibuzzim ein. Unser Bild zeigt eine solche Gruppe. In der ersten Reihe, Dritte von links: Karola Siegel.

Eines Tages taucht Dr. *Nettie Sutro,* die Leiterin des SHEK, aus Zürich auf. Sie sieht, wie Karola lebt, wie sie arbeitet, sich anstrengt. Wieder in Zürich, beschliesst das Komitee auf Antrag von Frau Sutro, Karola zweitausend Franken Stipendium auszubezahlen. Karola ist glücklich. Jetzt kann sie sich ganz aufs Lernen konzentrieren. Als das Geld ankommt, kauft sie sich zuerst einmal einige Kleider und Schuhe. Zum erstenmal in ihrem Leben.

Der Staat Israel

Am 29. November 1947 stimmt die Generalversammlung der Vereinten Nationen der Teilung Palästinas in einen israelischen und einen palästinensischen Staat zu. Von diesem Tage an intensivieren die Araber ihre Angriffe gegen die Juden. Ein regelrechter Kleinkrieg beginnt. Die Araber sind an Zahl und Ausrüstung weit überlegen.
Karola und viele ihrer Bekannten und Freunde aus der Schweiz melden sich zur Haganah, der offiziellen Wehrorganisation der Juden. Freunde raten ihr von diesem Schritt ab: «Jetzt bist du mitten in der Ausbildung als Kindergärtnerin, und nun machst du alles wieder zunichte.» Karola: «Wir brauchen jetzt Soldaten.» Die Freunde: «Wir brauchen auch Kindergärtnerinnen.»
Karola lässt sich nicht von ihrem Entschluss abbringen. Sie trägt «hausgemachte» Granaten mitten durch arabische Stadtteile. Sie nimmt einen Kurs als Scharfschützin – und trifft meisterhaft. Sie lernt Maschinengewehre bedienen, auseinandernehmen und wieder zusammensetzen. Wenn sie nachts einen Auftrag zu erfüllen hat und Menschen begegnet, die das Kennwort nicht wissen, hat sie Angst. Viele haben Angst. Heldentum besteht nicht in der Angstlosigkeit, sondern darin, einen Auftrag trotz der Angst auszuführen.
Karola steht auf Hausdächern Wache mit Maschinengewehr und Handgranaten. Auf der Strasse kontrollieren Leute von der Haganah Autos. Karola muss, wenn etwas geschieht, schiessen. «Glücklicherweise kam es nie dazu. Ich glaube nicht, dass ich auf Menschen hätte schiessen können.»
Aber viele Juden fallen. Kibbuzzim werden abgeschnitten. Ihre

In den Jahren vor der Gründung des Staates Israel fanden heftige Kämpfe zwischen Arabern und Juden statt, wobei die Engländer gelegentlich auch führende Leute der zionistischen Organisation in Lagern internierten (unser Bild).

Versorgung bedeutet ständige Lebensgefahr. Bei einem einzigen Konvoi werden vierzig aus dem Hinterhalt überfallene jüdische Männer von Arabern erschossen. In fünfeinhalb Monaten werden zwölfhundert jüdische Männer, Frauen und Kinder von Arabern getötet. Mehr als die Hälfte Zivilisten. Die Engländer stehen praktisch auf der Seite der Araber. Manchmal scheint die Lage fast hoffnungslos. Aber im April und Mai 1948 erringen die Juden beträchtliche Siege über die Gegner.

Am 14. Mai 1948, am Vorabend des Sabbath, den fünften Ijar 5708, verkündet David Ben Gurion vor zweihundertvierzig Mitgliedern des Volksrates in Tel Aviv die Unabhängigkeitserklärung.

«Im Lande Israel entstand das jüdische Volk. Hier prägte sich sein geistiges, religiöses und politisches Wesen. Hier lebte es frei und unabhängig. Hier schuf es eine nationale und universelle Kultur und schenkte der Welt das ewige Buch der Bücher.» Und: «Der Staat Israel wird der jüdischen Einwanderung und der Sammlung der Juden im Exil offenstehen. Er wird sich der Entwicklung des Landes zum Wohle aller seiner Bewohner widmen. Er wird auf Freiheit, Gerechtigkeit und Frieden im Sinne der Visionen der Propheten Israels gestützt sein. Er wird allen seinen Bürgern ohne Unterschied der Religion, der Rasse oder des Geschlechtes soziale und politische Gleichberechtigung verbürgen.» Und: «Wir wenden uns – selbst inmitten der mörderischen Angriffe, denen wir seit Monaten ausgesetzt sind – an die in Israel lebenden Araber mit dem Aufrufe, den Frieden zu wahren und sich aufgrund völliger bürgerlicher Gleichberechtigung und entsprechender Vertretung in allen provi-

sorischen und permanenten Organen des Staates an seinem Aufbau zu beteiligen ... Wir bieten allen unseren Nachbarstaaten und ihren Völkern die Hand zum Frieden und guter Nachbarschaft ...»
Nie wird Karola diesen Tag und die folgende Nacht vergessen. Mit Tausenden Menschen tanzt sie auf den Strassen, singt die Lieder der Sehnsucht und des Dankes. Viele sprechen das Gebet, das die zweihundertvierzig Mitglieder des Volksrates nach Ben Gurions Erklärung gesprochen haben: «Gesegnet seiest Du, O Herr unser Gott, König des Weltalls, der Du uns am Leben erhalten und bewahrt und gewährt hast, diesen Tag zu erleben.»

Der Krieg geht weiter

Die arabischen Staaten können sich mit der neuen Wirklichkeit nicht abfinden. Jetzt beginnen sie ihren grossen Krieg. Bomben fallen, Menschen fallen. Um Strassen, Häuser, Dörfer, Bergzüge wird gekämpft.
Am 4. Juni – es ist Karolas zwanzigster Geburtstag und sie ist eben ins Mädchenheim zurückgekehrt – schlägt eine jordanische Kanonenkugel ins Haus. Zwei Mädchen werden getötet. Karola wird an die Wand geschleudert und verspürt einen rasenden Schmerz in beiden Beinen. Über den Knöcheln sind sie zerschmettert. Das Blut fliesst über die neuen Schuhe. Hannelore, die Kameradin aus Heiden, löst die Schuhbändel und zieht die Schuhe sorgfältig von den Füssen. «Muss ich sterben? Ich will nicht sterben!»
Keinen Augenblick verliert Karola das Bewusstsein. Sie will ins Hadassah-Spital. Dort arbeitet ein Bekannter von ihr als Chirurg. Vor zwei Monaten hat sie ihm ihre aus der Schweiz mitgebrachte Dynamo-Taschenlampe geschenkt. Unter ihrem Licht hat er Verwundete operiert. (Er besitzt die Taschenlampe heute noch.) Aber er ist nicht da. Ein Kollege führt die Operation an Karolas Beinen aus. Er macht es grossartig. Später kann sie wieder Ski laufen, als ob nie etwas geschehen wäre.
Karola wird in einem Kloster hospitalisiert. Links und rechts von ihr liegen die Verwundeten, Männer ohne Beine, ohne Hände, Erblindete, mit verwüsteten Gesichtern. So ist der Krieg. Karola

spielt mit einem Erblindeten Schach. Sie sprechen sich Mut zu – bis eine herzlose, dumme Schwester die Frau von dem Hilflosen trennt. Karola weint. Sie ist deprimiert über soviel Unmenschlichkeit in einer Zeit, die der Menschlichkeit besonders bedürfte.

Dann verlässt sie das Spital. Endlich beendigt sie die Ausbildung als Kindergärtnerin. Ein Ziel ist erreicht, trotz allen Schwierigkeiten.

1949/50 arbeitet sie mit Jemenitenkindern. «Es war, als ob sie auf einem fliegenden Teppich aus dem 12. ins 20. Jahrhundert geflogen worden wären.» Aber was ihnen an Ausbildung fehlt, machen sie mehr als wett mit der Güte des Herzens.

Es ist ein schönes Jahr.

Nach der Ausbildung zur Kindergärtnerin betreut Karola Siegel (links hinten in weisser Schürze) während eines Jahres Kinder, die mit ihren Eltern aus Jemen eingewandert sind. Eine wundervolle Zeit.

Der Weg ins Weite

1950 lernt Karola Siegel einen Soldaten der israelischen Armee kennen. Seine Eltern stammen aus Rumänien. Der Sohn ist in Palästina aufgewachsen. Die beiden verlieben sich, heiraten gegen den Widerstand der Eltern. Manche der Jungen, die nach dem Krieg aus Europa eingewandert sind, heiraten sehr schnell – zu schnell. Aber sie wollen eine Familie, Kinder, eine Aufgabe. Sie wollen realisieren, was sie entbehren mussten. Sie wollen leben, die bedrückenden Gedanken an die Gasöfen in Auschwitz, Majdanek, Treblinka verdrängen, verdrängen die Fragen nach dem Sinn, der im Tod der einen und im Überleben der andern stecken soll. Ein ursprünglicher Lebenswille verlangt nach Aktion in der unausgesprochenen und vielleicht nicht ganz bewussten Hoffnung, ein halbes Dutzend Jahre vergessen zu können. Erst später werden sie erkennen, dass kein Lebensteil ungeschehen gemacht werden kann, dass alles seine Spuren hinterlässt und dass es sich dann herausstellt, wie man mit seinem Schicksal einigermassen zu Rande kommt.
1951 fliegen Karola und ihr Mann nach Paris, er zum Studium, sie als Kindergärtnerin eines zionistischen Kindergartens.

Paris

Paris – das ist eine völlig andere Welt. Als Karola vor einer Metzgerei steht und das viele Fleisch sieht, wird ihr schlecht. Fleisch hat sie in Israel nur selten gesehen. Bei einem Besuch der Comédie Française regt sie sich schrecklich auf – wegen der unheimlich vielen Stoffe, die da für Vorhänge und Kostüme verschwendet werden. In Israel mussten sie die gleichen Kleider jahrelang tragen.
Aber auch in Paris bleibt ihr Leben schwer. Der Mann bekommt von den Eltern gerade soviel Geld, dass er studieren kann. Im Kindergarten verdient Karola so wenig, dass sie sich nur eine Mahlzeit pro Tag leisten können. Sie wohnen in einem kleinen, ungeheizten Zimmerchen. Die Toilette befindet sich einen Stock tiefer.

Unser Bild: Karola rechts aussen mit ihren Kindern in Paris.

Und doch sind es gute Jahre.
Die Kinder, die Karola zu betreuen hat, kommen aus China, aus Marokko, aus Jemen. Es sind wunderbare Kinder. Es ist eine wundervolle Aufgabe, ganz nach dem Geschmack Karolas. Jetzt kann sie ihr starkes Herz verströmen, kann anwenden, was sie gelernt hat, und sie lernt jeden Tag Neues. Sie lernt französische Freunde kennen, diskutiert mit ihnen bis tief in die Nächte hinein. Wenn sie etwas erspart hat, besucht sie mit ihrem Mann Theater, Kinos, Museen. Sie muss soviel nachholen.

Traum von der Sorbonne

Wenn sie an der Sorbonne vorbeigeht, denkt sie: Warum kann ich nicht hier studieren? Der Gedanke, Geld für ein Studium zu leihen, kommt ihr gar nicht. Dann erfährt sie, dass sie unter gewissen Voraussetzungen gewisse Vorlesungen an der Sorbonne besuchen könnte. Unverzüglich beginnt sie, sich auf diese Möglichkeit einzustellen. Ein Jahr lang bereitet sie sich vor – neben ihrer Arbeit als

Kindergärtnerin. Dazu lernt sie Französisch und Jiddisch für die Leute, die aus den Lagern kommen.

Dann ist es soweit. Sie kann in dieses für sie heilige Haus eintreten. Voller Ehrfurcht berührt sie die alten Mauern der Sorbonne. Es ist ein unerhörtes Gefühl: Das kleine Flüchtlingskind ohne Sekundar- und Mittelschule an der Sorbonne! Wird sie sich halten können? Sie hat Angst, durchs Examen zu fliegen. Einmal schreibt sie bei einer Kameradin ab, wird entdeckt, grosser Krach. Aber Karola kann bleiben.

Die Professoren Heuyer und Leibovici nehmen sie als Stagiaire in ihr Institut für Neuro-Psychiatrie. Karola denkt daran, Kinderpsychologie zu studieren. Sie lernt den Rorschach-Test, den Baum-Test, den Zulliger-Test. Den alten Traum, Ärztin zu werden, hätte sie jetzt verwirklichen können. Warum tut sie es nicht?

Einige Male reist sie von Paris nach Heiden, um im Wartheim bei Ferienkolonien mitzuhelfen. Seltsames Gefühl, in dem Haus Kinder zu betreuen, in dem sie vor wenigen Jahren selber «betreut» worden ist.

1954 trennt sich Karola von ihrem Mann. Beide kommen zur Einsicht, dass sie nicht zusammenpassen. Er kehrt nach Israel zurück.

Nach Amerika

1956 will Karola ebenfalls nach Israel zurückkehren. Da trifft aus der Bundesrepublik ein grösserer Geldbetrag ein: Wiedergutmachung, um die sie sich nicht bemüht hat.

Jetzt kann sie sich einen alten Wunsch erfüllen: eine Reise in die Vereinigten Staaten, auf dem Nachhauseweg sozusagen. Sie will sich das einmal ansehen. Ein Onkel lebt dort und einige Kameradinnen und Kameraden aus Heiden. Im April tritt sie die Reise an. In New York liest sie zunächst einmal den *Aufbau,* die von *Manfred George* geleitete Zeitung der deutsch-jüdischen Emigranten. Sie sucht ein Zimmer und entdeckt eine Notiz, welche sagt, dass für Opfer der Nationalsozialisten Stipendien ausgerichtet werden. Studieren! Von der Sorbonne hat sie zwar kein Abschlussdiplom erhalten, aber doch Zeugnisse, die ihr das Universitätsstudium in

den USA ermöglichen. Diese Gelegenheit will sie nutzen. Wenn sie ihr Studium beendigt hat, wird sie nach Israel zurückkehren.
Und wieder beginnt ein hartes Leben. Zunächst muss Karola als Putzerin ihr Brot verdienen. Dann findet sie bei der französischen Botschaft Arbeit. Endlich wird sie zum Studium zugelassen. Halbtags studiert sie, halbtags arbeitet sie. Für einen Dollar die Stunde. Wieder ist Hunger ihr Begleiter. Manchmal kann sie fast nicht mehr, will aufgeben.
Aber da ist *Hanna Strauss,* Tochter der *Rahel Strauss,* jener Frau, die als erste in Deutschland Medizin studiert hat. Hanna Strauss hat am Jung-Institut in Zürich studiert. Ihr Mann, ein Rechtsanwalt, ist gestorben. Sie ist als Graphologin tätig. Und sie spricht Karola Mut zu, stützt sie in ihrem Willen, das Studium durchzuhalten. Eine wahre Freundin. Einmal besteht Karola ein Examen nicht. Sie glaubt sich am Ende aller Hoffnungen. Aber Hanna richtet sie auf. Sieben Tage «trauert» sie mit ihr wie um einen toten Sohn, dann beginnt Karola von neuem.

Arbeit mit Benachteiligten

An der New School of Social Research bereitet sie sich auf den *Master* vor. Ihre Master-Arbeit: Eine Untersuchung darüber, was aus den Emigrantenkindern in der Schweiz geworden ist und inwiefern die erste Sozialisation in ihren Familien sie die schweren Jahre im Exil im grossen ganzen gut bestehen liess. 1965 fährt sie für diese Arbeit in die Schweiz. In Bern bearbeitet sie Akten des SHEK, die das Hilfswerk nach seiner Auflösung im Jahre 1949 der Landesbibliothek überlassen hat.
In den USA nimmt sie an mehreren soziologischen Untersuchungen teil: über Menschen, die längere Zeit hospitalisiert werden müssen, über ältere Leute, die nicht mehr zu Hause leben können, über Kinder aus Puerto Rico. Von der Psychologie ist sie zur Soziologie hinübergewechselt. Das Hauptthema aber bleibt: Arbeit mit und für die sozial Benachteiligten.
Ihre Doktorarbeit leistet sie an der Columbia-Universität in New York. Thema: *Familienplanung.* Sie ist das Ergebnis einer langen

Aus dem Emigranten- und Waisenkind, das weder eine Sekundarschule noch ein Gymnasium besuchen konnte, wurde in den sechziger Jahren eine Frau Doktor und schliesslich ...

und gründlichen Untersuchung bei Schwarzen und Puertoricanern in Harlem. Eine unvergessliche Erfahrung trostloser Armut. Die Doktorarbeit beschäftigt sich mit der Ausbildung von Frauen und Männer, die in ihrem Lebenskreis Aufklärungsarbeit für die Familienplanung leisten wollen und sollen. Die Doktorarbeit wird veröffentlicht und findet Anerkennung.
Nun ist es also soweit. Aus dem Emigrantenkind, das alles wissen wollte und dem nichts geschenkt wurde, ist eine Frau Doktor geworden – Frau Doktor *Ruth Karola Westheimer* übrigens, denn 1961 hat sie den Ingenieur Manfred Westheimer geheiratet. Den zweiten Vornamen Ruth hat sie schon in Israel an die erste Stelle gesetzt – weil Karola allzu deutsch klang. Die Tochter Mirjam hat sie in diese Ehe mitgebracht. Der Sohn Joel wird 1963 geboren.

Professorin für Erzieher

Immer noch ist Amerika nur Etappe auf der Heimkehr nach Israel. Aber nun, da ein grosses Ziel erreicht ist, fällt sie schon das nächste an. Den Beruf der Kindergärtnerin hat sie aufgegeben. «Als ich anfing, meinen Freunden ‚Kommt, Kinderchen!' zu rufen, merkte ich, dass ich schon zu sehr beruflich deformiert war.» Die Erfahrungen und Untersuchungen in Harlem bei Alten, Kranken und Kindern haben ihr eine neue, erregende Welt eröffnet. Sie entdeckt, wie ungeheuer wichtig es ist, nicht nur die Kinder, sondern auch die Eltern und die Lehrer zu erziehen, damit sie die vielschichtigen Probleme der heutigen Jugend sehen und sie menschengemäss angehen können. Diese Aufgabe lässt sie nicht mehr los. Warum, so fragt sie sich manchmal, kann ich nicht mit dem Erreichten zufrieden sein? Warum treibt es mich immer weiter? Warum muss ich immer noch mehr und noch mehr erfahren und wissen, wo sich doch nun Träume verwirklicht haben, an deren Erfüllung sie nicht einmal zu denken gewagt hatte?

1972 wird Dr. Ruth Karola Westheimer alias Karola Siegel Assistant Professor an der Columbia-Universität und an der City-Universität von New York. Sie arbeitet mit jungen Lehrerinnen und Lehrern, die sich im Praktikum befinden, führt sie an die Probleme heran, mit denen sie heute in der Volksschule konfrontiert werden: Fragen der Moral, der Ethik, der Sexualität. Es sind keine einfachen Probleme in einem Land, in dem Puritanismus und Freiheit oft aneinanderstossen, in dem explosive Gegensätze der sozialen Klassen, der Religionen und Konfessionen, der Schwarzen und Weissen, des landwirtschaftlichen Südens und des industrialisierten Nordens mit den Glaspalästen und den unvorstellbar schmutzigen Slums zu bewältigen sind. Man kann hier nicht einfach Rezepte dozieren. Hier suchen auch die Professoren noch nach dem richtigen Weg, und sie scheuen sich nicht, diesen Weg mit den Studierenden zu suchen und zu finden.

Ruth Karola Westheimer arbeitet mit einem katholischen Priester zusammen, Direktor eines Instituts, in dem die gleichen Probleme für die katholischen Schulen behandelt werden. Sie nimmt an Tagungen teil, leitet Diskussionen, Gespräche am Runden Tisch.

... Frau Professor Ruth K. Westheimer, die an den Universitäten Columbia und City in New York Lehrerinnen und Lehrer weiterbildet. Unter ihren Hörern, mit denen sie ein kameradschaftliches Verhältnis verbindet, befinden sich viele Schwarze und Amerikanerinnen und Amerikaner aus Puerto Rico.

Immer geht es darum, Lehrer, Erzieher, Jugendleiter so vorzubereiten, dass sie den Kindern und Jugendlichen eine wirksame Aufklärung vermitteln können. In allen New Yorker Schulen soll der Sexualunterricht eingeführt werden. Dazu braucht es gescheite, geschulte Menschen, die mit Takt, Einfühlungsvermögen, mit Achtung vor dem Wesen des Kindes und auch mit Humor ihre Aufgabe zu meistern versuchen. Aufrichtigkeit, Überwindung gesellschaftsbedingter Hemmungen, Freiheit sich selbst gegenüber, die dem Einzelnen hilft, das zu tun, was er von innen heraus für richtig hält, und sich nicht von deformierenden Konventionen der Masse verunsichern zu lassen – so sieht Ruth K. Westheimer ihren Auftrag. So steht sie ihren Studenten gegenüber, nicht nur als Professorin, die mehr zu wissen hat als sie, sondern als Kameradin, als Helferin, aber immer auch als eine Suchende, als ein Mensch, der unterwegs ist und der keine Patentrezepte anzubieten hat. Das schafft ein Klima des Vertrauens, der Offenheit, ein Klima des aktiven Mittuns. Es ist ein Lernen ohne Zwang, ein Lernen aus schöpferischer Neugier. Was da gefunden wird, ist gemeinsam erarbeitet, es bleibt haften und kann in den Schulen Frucht tragen.

Unterwegs

Neben der Lehr- und Forschungstätigkeit wirkt Ruth K. Westheimer in jüdischen und christlich-jüdischen Organisationen mit, die Freizeit-Zentren für ältere Menschen einrichten. Sie können da Kurse besuchen, Filme anschauen, diskutieren, lesen. Aber auch Kinder werden aufgenommen, können dort nach der Schule ihre Zeit verbringen. Es wird Theater gespielt, Konzerte werden gegeben. Hier gilt es, Programme zu planen und die Probleme der Leiter zu besprechen.
Es ist ein ausgefülltes Leben. Es bringt Arbeit und Befriedigung – und es stellt immer neue Fragen, die beantwortet sein wollen und die einen im Bann halten.
Fast fünfunddreissig Jahre sind vergangen, seit das kleine Mädchen Karola Siegel mit hundert Kindern aus Frankfurt in die Schweiz kam. Ziemlich genau achtundzwanzig Jahre sind es her, seit sie unser Land verlassen hat und nach dem damaligen Palästina ausgewandert ist. Dazwischen lagen Krieg, Entbehrungen, das Pariser Erlebnis. Dann Amerika, das sie nun auch schon siebzehn Jahre festhält. Vieles ist erreicht worden, mehr wohl, als Karola einst erwartet hat. Wie wird es weitergehen? Die Antwort wird erst die Zukunft geben.

Was aus ihnen geworden ist

Um die hundert Kinder sind am 5. Januar 1939, diesem feuchtkalten, grauen Wintertag, aus Frankfurt und Umgebung in die Schweiz eingereist, um hier die Aus- und Weiterwanderung ihrer nächsten Angehörigen abzuwarten.
1945 verliessen die meisten – fast alle nun Waisen geworden – die Schweiz.
Was ist aus ihnen geworden?
Wir kennen die Geschichte der Karola Siegel, die heute als Professorin an den Universitäten Columbia und City in New York lebt.

Die Lebensgeschichten der andern im Detail zu verfolgen und aufzuschreiben würde einen Zeit- und Arbeitsaufwand erfordern, der unsere Möglichkeiten übersteigt. Was zu erfahren uns möglich war, sind zumeist knappe Angaben über den Ort, wo die ehemaligen Emigrantenkinder heute wohnen, und die Tätigkeit, die sie ausüben. Auch hier gibt es Lücken, die noch zu füllen wären.

Wir wissen, dass keines der Emigrantenkinder vom «rechten Weg» abgekommen, also asozial, gesellschaftsfeindlich oder gar kriminell geworden ist. Alle haben ihren Platz in der Gesellschaft gefunden, sind irgendwo integriert, die einen mehr, die andern vielleicht etwas weniger. Die meisten sind verheiratet und haben längst eigene Kinder; einige sind bereits Grossvater oder Grossmutter geworden. Einige haben eine glänzende Karriere gemacht.

Nicht ganz zehn sind in der Schweiz geblieben oder nach längeren Aufenthalten im Ausland in die Schweiz zurückgekehrt. Einige sind inzwischen Schweizerbürger geworden. Zwei Geschwister, *Ruth* und *Günter Levy,* die von zwei Salutistinnen aufgenommen worden waren, wurden von einer dieser Salutistinnen adoptiert und trugen oder tragen jetzt deren Namen. Ruth ist verwitwet, während Günter in la Chaux-de-Fonds ein Uhrengeschäft betreibt.

Vierunddreissig ehemalige Emigrantenkinder aus Frankfurt und Umgebung leben heute in Israel; dreiunddreissig in den Vereinigten Staaten; der Rest in andern Ländern; von fünfen ist der derzeitige Aufenthaltsort nicht bekannt; fünf sind gestorben.

Drei haben seinerzeit in der Schweiz kaufmännische Berufe erlernt; fünfundvierzig konnten sich in handwerklichen Berufen ausbilden, eingeschlossen Krankenpflege und Arztgehilfin; einige machten eine Lehre als Landwirt. Sechzehn waren 1945 noch in der Lehre; achtzehn Mädchen dienten in Haushalten.

In den einst erlernten Berufen sind nur noch acht tätig. Sechsundvierzig üben einen andern Beruf aus. Neunzehn sind Hausfrauen; von den andern ist der gegenwärtige Beruf nicht bekannt. Fast ausnahmslos alle, auch jene, die unter andern Umständen auch einen andern Beruf erlernt hätten, anerkennen heute den Wert der beruflichen Ausbildung in der Schweiz.

Die folgende Aufzählung mag in wenigen Stichworten kurzen Aufschluss über einzelne Emigrantenkinder geben.

Sie blieben in der Schweiz

Helma Neuberger absolvierte in *Langenbruck* eine Hauswirtschaftslehre, besuchte dann die Frauenarbeitsschule Basel und erlernte in einem Kurs in Zürich Maschinenschreiben, Stenographie und Buchhaltung. Anfang 1945 war sie Helferin in einem Kinderheim in Celerina. Dort erhielt sie die Nachricht, dass ihre Eltern in Theresienstadt überlebt hatten und in die Schweiz gekommen seien. Am 8. Mai 1945 (Kriegsende in Europa) ging sie als Köchin in ein Lager der Jugend-Alijah nach Engelberg. Dort lernte sie ihren Mann, *Josef Leiner,* kennen. Im Beisein ihrer Eltern heiratete sie im Januar 1946. Heute lebt die Familie Leiner-Neuberger in Zürich, wo der Mann eine leitende Stellung in einem Privatbetrieb einnimmt. Frau Leiner ist Mutter von fünf Söhnen und einer Tochter. Die Tochter ist Kindergärtnerin und in Belgien verheiratet. Die Kinder von Frau Leiner gehen zum gleichen Lehrer in die Schule, der sie in Langenbruck unterrichtet hat: *Erich A. Hausmann.* Im Jahre 1967 wurden die Leiners Schweizerbürger.

Von den Emigrantenkindern in *Heiden* leben *Ruth Hess, Hannelore* und *Ilse Weil, Judith Eschwege* und *Ruth Scheuer* in der Schweiz. Aus Ruth Hess ist Frau *Ruth Bernheim* geworden. Sie ist Mutter zweier Söhne und einer Tochter. *Hannelore Weil* ist mit einem Juristen verheiratet und Mutter von fünf Kindern. Aus Ilse Weil wurde Frau *Wyler,* verheiratet mit einem Landwirt und Viehhändler. Sie ist Mutter von drei Töchtern und einem Sohn und hat ausserdem einen Pflegesohn angenommen. Nach Heiden war sie in *Paul Geheebs Ecole d'Humanité,* zuerst in Schwarzsee und dann in Goldern, Berner Oberland. Anschliessend besuchte sie eine private Handelsschule in Zürich, arbeitete bei einer Versicherungsgesellschaft und dann bei der jüdischen Flüchtlingshilfe. Aus Judith Eschwege wurde Frau *Strauss.* Sie lebt mit ihrer Familie in Genf. *Ruth Scheuer* heiratete in Israel den Offizier *Hacohen,* arbeitete zunächst in einem Kibbuz und siedelte dann, infolge einer schweren Erkrankung ihres Mannes, mit ihm und den zwei Töchtern nach Mainz über, wo ihr Mann 1963 starb. Seit 1971 lebt Ruth Hacohen-Scheuer in der Nähe von Zürich und ist als Sozialfürsorgerin bei der Israelitischen Kultusgemeinde tätig.

Alexander Wurmser, der im Rahmen der 300-Kinder-Aktion zusammen mit Ilse und Hannelore Weil, Ruth und Günter Levy, Rosy Uffenheimer und Blanka Geismar aus Breisach in die Schweiz kam, erlebte seine Emigrantenzeit – es war eine zum Teil ausserordentlich schwere und demütigende Zeit – bei Bauern, wo er es bis zum Melker brachte. Wegen einer Krankheit musste er dann die Landwirtschaftsarbeit aufgeben. Er arbeitete zunächst als Hilfsarbeiter in einer Schreinerei. Nach dem Kriege war er sehr aktiv in der Hilfe an das besiegte Deutschland tätig. 1952 heiratete er eine deutsche Rotkreuzschwester. Er ist wieder deutscher Staatsbürger. Alexander Wurmser hat fünf Kinder. Im Familienunternehmen betreibt er heute Fabrikation und Handel mit Erzeugnissen der Angora-Industrie.

Sie leben in Israel

Franz Wertheimer, einziges Kind seiner Eltern, weilte nur kurze Zeit im Heim Buus und in *Langenbruck*. Infolge einer Erkrankung musste er ein Jahr im Sanatorium verbringen. Von 1941 bis 1944 besuchte er die Kantonale Handelsschule Basel, welche er mit einem Diplom verliess. Darauf arbeitete er ein Jahr lang bei einem Bauern im Berner Oberland. Nach einem Kurs für Heimhelfer in Zürich kam er in die Jugend-Alijah-Heime Weggis und Bex und verliess Ende August/Anfang September die Schweiz, zusammen mit Karola Siegel und andern Emigrantenkindern. Er arbeitete im gleichen Kibbuz wie sie, leistete dann zwei Jahre Dienst in der israelischen Armee, absolvierte einen Kurs für Sozialarbeiter, bildete sich in der psychohygienischen Poliklinik des israelischen Gesundheitsministeriums in Tel Aviv weiter aus und reiste 1963 zum Weiterstudium nach *Kanada,* wo er den Master (akademischer Grad, etwa dem Lizenziat entsprechend) in Sozialarbeit erwarb. Heute unterrichtet Franz Dror (Dror heisst Freiheit) Wertheimer an der Bar-Han-Universität in Israel über Sozialprobleme, arbeitet als Fürsorger der israelischen Regierung und betreibt eine private Praxis für Eheberatung und Psychotherapie. Er ist in zweiter Ehe verheiratet und hat einen Sohn (aus erster Ehe) und eine Tochter.

Hermann Rothschild, der im Basler Zoo zum Tierwärter ausgebildet wurde, war viele Jahre Raubtierwärter im Zoo von Tel Aviv.

Seine Frau, die ebenfalls ausgebildete Fürsorgerin ist und im Amt für Öffentliche Gesundheit arbeitet, flüchtete während des Krieges aus dem Warschauer Getto und wurde zur Zwangsarbeit nach Deutschland verschickt.

Eine nicht ganz gewöhnliche, schon in der Schweiz begonnene Karriere hat *Hermann Rothschild* gemacht. Im Zoo in Basel bildete er sich zum Tierwärter aus, welchen Beruf er dann auch im Zoo von Tel Aviv weiter ausübte – nicht selten während zwölf bis sechzehn Stunden am Tag. Daneben unterrichtet er heute an der Universität Zoologie.

Von den «Baslern» leben ferner in Israel: *Manfred Kahn,* betreibt eine Gemüsekultur und Hühnerzucht. *Mathias Apelt. Günther Friedner,* verheiratet mit *Rosi Levy* (ebenfalls Langenbruck), Rabbiner in Jerusalem. *Martin Friedmann,* betrieb als gelernter Schneider einige Jahre in England ein kleines Textilgeschäft. *Erich Hirsch,* arbeitet als Gärtner in einem Altersheim; seine Frau ist in einem Militärspital angestellt. *Hans Höchster,* gelernter Bäcker und Konditor, mit einer Wienerin verheiratet, betreibt eine Konditorei und eine Fabrik für Kleingebäck. *Grete Höchster,* verheiratet, hat drei Töchter, ihr Mann ist Direktor einer Hotel-Fachschule. *Erwin Appel* lernte in Muttenz Drechsler und stellt nun in der eigenen Fabrik (zirka vierzig Arbeiter) Geschenkartikel aus Holz her; er ist verheiratet mit *Ellen Rotschild,* ebenfalls einer Langenbruckerin, die Säuglingsschwester lernte und nun ihre zwei Kinder betreut. *Bruno Oppenheimer,* verheiratet mit einer Holländerin, lebt als Wirtschaftsverwalter in einem Kibbuz. *Albert Ross,* verheiratet, arbeitet als Metzger. *Ernst Spier* arbeitet als Landwirt, sein Bruder *Walter Spier* lebt in einem Kibbuz. *Heinz Sulzbacher,* gelernter Schlosser, betreibt in Jerusalem eine Auto-Fahrschule, während sein Bruder *Manfred Sulzbacher* seinen erlernten Beruf als Bäcker ausübt. *Paul Stern* betreibt eine Diamantschleiferei. *Ernst Wolf,* einst Schlosser, ist heute Postangestellter. *Kurt Lamm,* der während zwei Jahren in einem Lager auf Cypern verbrachte, im Krieg in Israel schwer verwundet wurde, arbeitet heute als Photograph in einem Spital.

Wolfgang Hirnheimer zur Zeit des Aufenthaltes in Heiden. Heute ist er Professor in Haifa (Israel).

Von den Kindern in Heiden leben in *Israel: Marianne* und *Ruth Metzger.* Beide dienten in der Armee. Marianne ist mit einem Akademiker verheiratet und lehrt an einer Universität. Ruth, die Offizierin war, ist mit einem Chemiker verheiratet. *Ruth Junker* ist mit einem Landwirt verheiratet. Ihre zwei Töchter sind Lehrerinnen und bereits selber Mütter. *Grete Nussbaum* lebt mit ihrem Mann und vier Kindern in einem Kibbuz. *Ruth Kapp* war mit einem israelischen Offizier verheiratet, der bei einem Unfall tödlich verunglückt ist. Sie hat zwei Töchter. Ebenfalls verheiratet und Mutter zweier Kinder ist *Else Kahn. Manfred Nussbaum* arbeitet in einem Kibbuz. *Wolfgang Hirnheimer* ist heute Professor an der Universität von Haifa. Er ist verheiratet und Vater zweier Kinder. *Walter Ludwig Nothmann (Putz)* ist ein angesehener und weitgereister

Ingenieur, verheiratet mit einer Amerikanerin und Vater von zwei Töchtern. *Klaus Spiess,* gelernter Schlosser, ist Vorarbeiter in einem Betrieb. *Erwin Kahn,* einst Schuhmacher, arbeitet in einem Kibbuz, ebenso *Mira Kahn. Max Laub* ist verheiratet und Vater zweier Kinder. Er arbeitet in Haifa. *Marga Schwarz,* zuerst Säuglingsschwester, jetzt Zahnarztgehilfin, ist mit einem Elektriker verheiratet, der an einer Berufsschule Fachunterricht erteilt. Sie hat einen Sohn und eine Tochter. Ihre Brüder *Heinz* und *Manfred Schwarz* sind ebenfalls in guter Anstellung.

Sie leben in den USA

Von den *Langenbruckern: Walter Simons,* einst Bäcker, heute Hotel- und Club-Manager in New York. *Alexander Bloch,* Wissenschafter in Rochester. *Erich Bloch,* Ingenieur bei IBM. *Eva Bodenheimer,* verheiratet, Hausfrau, Mutter zweier Kinder in Philadelphia. *Manfred Frank,* Bäcker, verheiratet, drei Kinder, New York. *Max Goldschmidt,* Monticello. *Helmut Kahn,* verheiratet, Vater von drei Töchtern, betreibt mit *Ludwig Spier* in New York ein Restaurant. *Josef Kahn,* der zunächst in der israelischen Armee als Offizier diente, arbeitet jetzt als Malermeister, ist verheiratet und hat drei Kinder. *Hermine Kahn* ist mit einem Fachmann für Schmuck verheiratet und hat ebenfalls drei Kinder. *Siegfried Neustädter* lebte mit seiner Frau zuerst in einem Kibbuz und siedelte dann nach Amerika über. *Jules Marx,* ein Neffe des Frankfurter Waisenhausvaters Marx, gelernter Spengler-Installateur, ist in Frankreich tödlich verunglückt. *Fritz Rosenberg,* verheiratet, betreibt im New Yorker Flughafen ein Uhrengeschäft. *Fred Schuster,* gelernter Koch, verheiratet, Vater von zwei Töchtern, stellt jetzt Käsekuchen en gros her. *Erich Strauss,* verheiratet, zwei Kinder, ist Bankangestellter. *Günter Manfred Steinhardt,* Koch, verheiratet, zwei Kinder, betreibt eine Bäckerei. *Fritz Neuberger,* der Bruder von Frau Leiner, wanderte 1946 mit den Eltern nach Amerika aus, wo er – der einst Bäcker gelernt hatte – in der Versicherungsbranche tätig ist.

Karola Mannheimer, verheiratet, Mutter zweier Töchter. Ihr

Mann, ebenfalls aus Deutschland stammend, arbeitet als Angestellter. Karola Selig-Mannheimer ist für die Verköstigung einer Schule verantwortlich. Ihre Eltern haben seinerzeit in Theresienstadt überlebt.

Diese vier jungen Männer, zur Zeit der Aufnahme in Langenbruck, nannte man die Nauheimergruppe, weil sie gemeinsam die jüdische Mittelschule in Nauheim besuchten. Es sind (v.l.n.r.): Hans Höchster, Kurt Lamm (beide in Israel), Günter Steinhardt, Manfred Frank (beide jetzt in den USA).

Frau Helma Leiner (einst Helma Neuberger, eines der sechs Langenbrucker Mädchen) lebt heute in Zürich. Auf unserem Bild sehen wir sie mit Georgine Gerhard und einem ihrer Kinder.

Martin und *Heinz Oppenheim* sind nach Bolivien ausgewandert. Von den Kindern in Heiden leben in den *USA: Hannelore Adler;* sie ist Krankenschwester, mit dem Lehrer Lefitz verheiratet und Mutter von zwei Söhnen. *Sitty Hess,* die Schwester von Ruth Bernheim-Hess, ist verheiratet und hat zwei Söhne, die Arzt und Zahnarzt studieren. Ihr Mann ist Juwelier. *Lotte Herz* arbeitet als Coiffeuse und ist mit einem Feinmechaniker verheiratet. *Joachim Herz,* verheiratet und Vater eines Sohnes, hat bei IBM eine sehr gute Anstellung. *Ruth Kahn* ist verheiratet und lebt als Hausfrau für ihre Familie. Aus *Mathilde Apelt* wurde Frau *Steinbach;* sie hat zwei Söhne. Ihr Mann arbeitet als Abteilungschef in einer Firma. *Edith Burg* ist verheiratet, hat zwei Kinder und arbeitet als Krankenschwester. *Rosy Mayer* arbeitet als Kosmetikerin. *Louis Levite* arbeitet als technischer Zeichner. Er lebt mit seiner Mutter zusammen. Seine Schwester *Erna Levite* ist verheiratet, hat zwei Söhne, lebt in Cincinnati; ihr Mann ist Abteilungschef einer Textilfirma. *Klärchen Rothschild* ist nach Deutschland zurückgekehrt, wo sie ein Mode-Geschäft betreibt. Sie ist verheiratet. *Ruth Loewenberg* ist von Israel nach Cypern ausgewandert.

Unsere Chronik ist, wie gesagt, lückenhaft. Aber das, was hier in Stichworten angedeutet ist, mag doch Hinweis sein, was aus Emigrantenkindern, die während des Krieges in der Schweiz weilten, geworden ist.

Bilanz

«Zum Abschluss möchte ich nochmals unterstreichen, dass ich den Schweizer Aufenthalt sowohl als eine positive und glückliche als auch als eine entscheidende Periode meines Lebens ansehe. Nicht nur dass ich der Schweiz und dem Schweizer Hilfswerk für Emigrantenkinder das Leben verdanke, darüber hinaus haben die kostbaren menschlichen Kontakte und Einflüsse in dieser so prägenden Periode der Entwicklung meinem Leben eine andere Wendung gegeben.»

«Im Heim gab es die Briefzensur. Aus- und eingehende Briefe wurden von der Leiterin kontrolliert. So schrieb ich meinen Eltern heimlich, was ich fühlte. Ich vergass, ihnen zu sagen, dass sie mir ihren Brief nicht ins Heim, sondern auf die Post schicken sollten. Als er ankam, öffnete die Leiterin ihn vor allen Kindern und las ihn vor. Dem Brief entnahm sie, dass ich den Eltern geklagt hatte. Darauf prügelte sie mich vor allen Kindern. Eine weitere Strafe bestand darin, dass ich in der Ferienkolonie allein schlafen musste, und dass die andern Kinder nicht mit mir reden durften. Es war eine schreckliche Situation. Die Vorstandsdamen wussten von diesen Dingen, aber sie unternahmen nichts. Sie sahen nur die Sauberkeit und die tadellose Ordnung. Als ich mit vierzehn Jahren als Kindermädchen in eine Zürcher Familie kam, erhielt ich jeden Abend schriftlich auf kleinen Zetteln die Kritik an meiner Arbeit. Die Mädchenorganisation, so sagte man mir, sei nur für Schweizer Mädchen. Wir Emigrantenkinder waren Menschen dritter Klasse.»
Diese zwei Aussagen kennzeichnen den Unterschied, wie zwei junge Menschen den Aufenthalt in der Schweiz erlebt und in Erinnerung behalten haben. Die erste stammt von *Franz Wertheimer,* der in Basel war, die zweite von *Ruth Hess,* die einige Jahre im Wartheim verbrachte. Beide geben eine persönliche Wahrheit wieder, eine Wirklichkeit, die so und nicht anders erlebt wurde. Beide müssen wir zur Kenntnis nehmen.
Fast dreissig Jahre sind vergangen, seit die Emigrantenkinder aus Frankfurt und Umgebung aus den Lagern entlassen wurden und – mit wenigen Ausnahmen – die Schweiz verlassen haben. Wie ist diese Periode in ihrem Gedächtnis haften geblieben?

Die zweite Heimat

Franz Wertheimer, der heute als ein führender Sozialarbeiter in Israel tätig ist, hat die Schweiz und die Schweizer auf vielen Wanderungen kennen und lieben gelernt. Er hat damals Freundschaften geschlossen, die noch heute dauern. Dass sein soziales Verständnis sich so stark entwickelt hat, schreibt er dem Einfluss von Freunden und nahestehenden Menschen in der Schweiz zu. «Wohl den stärksten Einfluss übte Fräulein *Georgine Gerhard* auf mich aus, die ich als eine der humansten und verständnisvollsten Menschen verehre, denen ich in meinem Leben begegnet bin.» In solchen Erfahrungen und in seiner Liebe zu den Bergen sieht Franz Wertheimer den Grund, «dass ich bis heute die Schweiz als meine zweite Heimat, nach Israel natürlich, betrachte und jede Gelegenheit benütze, sie zu besuchen, oder ... mich mit Schweizer Freunden zu treffen und mein Schwyzerdüütsch eifrig zu pflegen».

Daneben beschäftigt ihn freilich auch die Frage, «inwieweit die Schweizer Periode in uns gewisse Persönlichkeitszüge verstärkt, unterstrichen oder geändert hat, und inwieweit gewisse neurotische Prädispositionen aus früherer Kindheit durch die Trennung von Eltern und Familie um die Schweizer Erlebnisse und Traumata verstärkt oder modifiziert worden sind».

Ruth Hess, heute Frau Ruth Bernheim, stellte lapidar fest: «Wir haben alle einen Knacks.»

Es war der tiefere Sinn dieses Berichtes, nicht nur die äusseren Erlebnisse der Emigrantenkinder nachzuzeichnen, sondern die Frage anzugehen: Wie haben sie, die durch ein barbarisches politisches Regime aus ihren normalen, meist sehr günstigen Familienverhältnissen brutal herausgerissen wurden, die ihre Eltern auf grausame Art verloren haben und dies im fremden Land durchzustehen hatten, wie also haben diese Kinder ihre Schweizer Zeit bewältigt? Diese Frage ist nicht schlüssig beantwortet. Sie konnte nur angedeutet werden. Eine gründliche Antwort wäre erst noch zu erarbeiten.

Ruth Junker (heute Frau Rottenberg) schrieb vor einigen Jahren: «Meinen Kindern erzähle ich von der schönen Schweiz und den Menschen dort. Sie erinnern sich sogar an Frau Guggenheim, die uns hier besuchte. Ich werde diese wunderbare Frau niemals vergessen, die so viel für uns getan hat. Manchmal treffen wir ehemalige Heidener uns noch ... Ich hoffe, wieder einmal mit meiner Familie in die Schweiz kommen zu können, um ihr zu zeigen, wo ich gelebt habe.»

Martin Friedmann: «Jetzt, als Erwachsener, weiss ich die Hilfe, die Sie uns gegeben haben, aufrichtig zu schätzen.»

Helma Neuberger (heute Frau Leiner) bezeichnet die Jahre in Lan-

genbruck als eine schöne Zeit. «Wir hatten eine gute Kameradschaft, und die Leiter gaben sich Mühe mit uns.»
Ilse Weil (heute Frau Wyler) beurteilt die Zeit in Heiden keineswegs mit Bitterkeit. Über eine leitende Dame von damals sagt sie: «Ich würde allen Heidenern wünschen, sie hätten mit ihr später ein so herzliches Verhältnis gehabt, wie ich es hatte. Ich weiss nicht, warum wir damals so Angst vor ihr gehabt haben.»
Andere Ehemalige dagegen sprechen nur ungern und mit bittern Worten von «damals». Sie haben diese Zeit über Jahre verdrängt und sie wollen sie heute nicht wieder ans Licht holen. Sie wünschten ausdrücklich, hier nicht erwähnt zu werden. Auch das ist eine Antwort.
Gewiss kann man sagen, dass von zehn Kindern kaum eines eine Situation gleich erlebt. Wo die einen leiden, werden die andern kaum berührt. Temperament, frühere Erziehung, soziales Milieu, psychische Veranlagung spielen bei der Beurteilung äusserlich gleicher Erlebnisse eine wichtige Rolle.

Keine vollkommenen Lösungen

Nicht alles ist damit zu erklären oder zu entschuldigen. Nicht alles auch ist damit erklärt, dass es keine vollkommenen Lösungen gibt. Die Kinder in den Heimen malten sich manchmal aus, wie gut es in einer Pflegefamilie sein müsste. Die Kinder, die in Pflegefamilien untergebracht waren, sehnten sich gewiss ebensooft nach einem Kinderheim. Weder Heim noch Pflegefamilie können ein intaktes Elternhaus ersetzen, und selbst im Elternhaus kann es lebenslang nachwirkende Konflikte zwischen Eltern und Kindern geben. Problematisch ist also nicht nur eine gegebene Situation. Problematisch sind vor allem wir Menschen, die wir so wenig fähig sind, uns in die seelische Lage eines andern zu versetzen und entsprechend zu verhalten.
Entscheidend war damals, soviele Kinder als möglich der drohenden Vernichtung zu entreissen. Überleben, um die Substanz des bedrohten Volkes zu erhalten, war die erste Forderung. Sie ist an diesen Kindern erfüllt worden. Und noch einiges mehr. Aber auch die-

ses Mehr war nicht das Äusserste, das hätte geleistet werden können.
Natürlich müssen die ehemaligen Emigrantenkinder sich vergegenwärtigen, unter welchen Umständen jene zu handeln hatten, die sie während Jahren betreut haben. Sie mussten mit einer Aufgabe fertig werden, auf die sie nicht genügend vorbereitet waren. Sie hatten Mittel und Wege zu finden, soviele Menschen als möglich zu retten, oft unter persönlichen Gefahren. Sie hatten sich mit den zurückhaltenden schweizerischen Behörden auseinanderzusetzen und um jeden einzelnen Flüchtling zu kämpfen. Sie sahen sich einem latenten und offenen Antisemitismus gegenüber, der in den Jahren der Hitlersiege oft recht rüde Formen annahm. Und sie wussten schliesslich lange nicht, ob die Schweiz nicht eines Tages ebenso wie das übrige Europa von den Nazi-Armeen überrannt werden würde. Ihre Situation war also alles andere als einfach. Wer alle diese Belastungen ausser acht lässt, wird zu keinem gerechten Urteil fähig sein. Dazu kommt, dass damals begabte Pädagogen und Psychologen weitgehend fehlten.

Wurde das Mögliche getan?

Trotzdem: Einiges wäre auch unter diesen Umständen noch möglich gewesen, das nicht getan wurde. Ein Beispiel: Die vier ältesten Mädchen aus dem Wartheim durften 1939 die Landi besuchen. Warum nicht alle? Es wäre auch für die andern ein wichtiges Erlebnis gewesen.
Die Isolierung war für die Kinder aus der Grossstadt Frankfurt in dem schönen Dorf Heiden schwer zu ertragen. Der Kontakt mit der Dorfbevölkerung wurde eher gebremst als erleichtert. Dort, wo er doch geschah, hat er sich nur positiv ausgewirkt.
Die streng religiöse Erziehung hat einerseits den Kindern zweifellos seelischen Halt gegeben. Wo aber Religiosität sich in äusseren Kulthandlungen erschöpfte und der Versuch, in die Tiefe zu gehen, nicht oder nur ungenügend gemacht wurde, wo sich hinter der Religion auch autoritäres Verhalten verbarg, dort wurde das Gegenteil von dem erreicht, das erreicht werden sollte. Es muss nachdenklich

stimmen, dass von den Kindern in Heiden nur ganz wenige religiös geblieben sind.

Narben

Ignaz Mandel, der vor einigen Jahren in Israel, wo er wiederum als Lehrer wirkte, gestorben ist, hat in einem Brief an seine Schüler in Heiden unter anderem folgendes geschrieben: «Diesmal war es das Stichwort ‚Bettnässen', das mir zeigte, wie schwach die pädagogische Organisation im Wartheim war. Wir Erwachsenen (ich mache dabei keine Ausnahme) hatten wenig Zusammenhang in der Arbeit. Nie wurden ernsthafte Sitzungen abgehalten, um zu auftauchenden Problemen Stellung zu nehmen. So musste es kommen, dass die Arbeit für einen Teil der Erwachsenen zu einer Tretmühle wurde. Sie beschränkten sich auf einen möglichst kleinen Pflichtenkreis und suchten den andern möglichst viel aufzuhalsen, vor allem den grösseren Mädchen. Es musste zu Missverständnissen, Reibereien und Intrigen kommen, und Ihr hattet am schwersten darunter zu leiden. Jedes von Euch, aber auch wir Erwachsenen, tragen noch die Narben und zum Teil auch Wunden, die damals geschlagen wurden.»
Ruth Metzger, Karolas Freundin im Wartheim, hat im August 1944 in einem Aufsatz geschrieben: «Die Flucht, die Bomben, die Angst haben den Nervenzustand der Kinder in den von alten Menschen verwandelt. Selbst Kinder, die schon jahrelang hier in Ruhe und Sicherheit sind, sind von ausserordentlicher Flatterigkeit. Bei jeder kleinen Gelegenheit brechen sie in Wutanfälle aus, beschimpfen sich gegenseitig mit grossem Geschrei und sind vor allem misstrauisch ... Die Kinder haben, so jung sie sind, den Glauben an das Gute verloren. Oft schlagen diese Vorurteile später in das Gegenteil um, in zärtliche Anhänglichkeit und Schwärmerei. Das typische Bedürfnis des Flüchtlingskindes: Freundlichkeit, Liebe und gute Worte. Oft sind diese Kinder aber so verschlossen, ja störrisch, dass niemand ihr Vertrauen gewinnen kann ... Ich weiss nicht, ob sie je lachen lernen werden. Ein Vorfall bestürzte mich. Letzthin war abends hier im Haus eine Feuerwehrübung. Die be-

helmten Männer kamen ins Haus. Da begannen unsere Kleinen (vier-, fünf- und sechsjährig) in ein jämmerliches Geschrei auszubrechen, sie zitterten, versteckten sich in den Ecken, wimmerten erbärmlich. Es gelang uns nicht, sie zu beruhigen, bis die Männer das Haus verlassen hatten. Wenn ich bedenke, dass das nur ein kleiner Bruchteil ist von allen unglücklichen Kindern, so frage ich mich: wie wird diese Generation aussehen? Ausgestossensein, Beschimpfung, Deportation, Verstecken, Flucht verbessern bestimmt nicht den Charakter eines Kindes.» Ein erschütterndes Dokument eines halbwüchsigen Mädchens.

Wer Bäume pflanzt ...

Und doch: Dreissig Jahre später konnte Ignaz Mandel feststellen: «Was für prächtige Menschen seid Ihr alle geworden! Darum kann nicht alles schlecht gewesen sein. Trotz allem war das Leben im Wartheim schön und reich. Der Reichtum wuchs vor allem unter Euch selbst, in der Freundschaft (oft auch im Gegenteil), im regelmässigen Erfüllen von Pflichten, im Spiel, Ausflügen, Ski- und Schlittenfahrten, Pfadfinderei usw. Einmal, im ersten Jahr im Wartheim, als ich schier verzweifelte, schrieb ich in mein Tagebuch einen Vers, der mich selber aufrichten sollte:

Wer Blumen sät, wird bald sich Sträusse binden,
Wer Bäume pflanzt – spät erntet er die Frucht.

Heute scheint mir das wie eine erfüllte Prophezeiung. Alle seid Ihr zu grossen, schönen Bäumen herangewachsen, habt Familie, Beruf und einen guten Stand im Leben. Und jetzt, spät, nach beinahe dreissig Jahren, gaben die Bäume mir von ihren Früchten.»
Trotz allem!
Die Bilanz der schweren Jahre ist nicht leicht zu ziehen. In Wahrheit kann sie wohl nur jeder Einzelne für sich durchrechnen – und vielleicht kann es im letzten nicht einmal der Einzelne. Wer kennt die Kräfte, die ihn durch all die Jahre getragen haben? Wer könnte mit Sicherheit sagen, dass er ein ganz anderer Mensch geworden wäre, wenn ...?

Mit Vorwürfen und Anklagen ist wenig erreicht. Was an der Geschichte dieser Emigrantenkinder besonders deutlich wird, ist dies: Das, was Erwachsene den Kindern antun im Guten wie im Bösen, ihre Liebe und ihr Versagen, bleibt von lebenslanger, oft von entscheidender Bedeutung. Das war gestern so. Es ist heute nicht anders. Angesprochen sind nicht die von gestern, sondern wir, die wir heute leben.

Dank

Es geziemt sich, an dieser Stelle dankbar jener zu gedenken, die in den Jahren des braunen Terrors alles unternahmen, um Kinder verfolgter Eltern in die Schweiz in Sicherheit zu bringen. Wir meinen die Gründer, Leiter und Helfer des Schweizer Hilfswerks für Emigrantenkinder (SHEK). Allen voran sind hier Dr. Nettie Sutro in Zürich und Georgine Gerhard in Basel zu nennen. Was diese beiden Frauen während langer Zeit geleistet haben, bleibt für alle jene unvergessen, die so oder so mit ihnen zu tun hatten und ihr Wirken aus der Nähe verfolgen konnten. Ihnen auch ist es zu danken, dass trotz unnötiger Härten unserer Flüchtlingspolitik humanes Handeln möglich war. Zu danken ist auch Marguerite Bleuler und Liselotte Hilb, die damals im Sekretariat des SHEK in Zürich arbeiteten, und die heute noch zu den «Ehemaligen» freundschaftliche Beziehungen unterhalten. Indem sie mehr waren als Wohltätigkeitsfunktionäre, nämlich Menschen, die mitfühlten, haben sie, soweit es in ihrer Macht lag, das Los der Emigrantenkinder erleichtert. Diese wenigen Namen müssen für alle andern stehen, die wir hier nicht nennen, die aber in diesen Dank einbezogen sind.
Dank auch allen, die schriftliche und mündliche Informationen gegeben haben: Herrn Erich A. Hausmann, Frau Helma Leiner-Neuberger, Frau Ruth Bernheim-Hess und den andern in der Schweiz gebliebenen Ehemaligen.

Das Kinderheim Wartheim in Heiden.

Achtundzwanzig Jahre danach

Im Juli 1973 hat Ruth K. Westheimer das Wartheim in Heiden besucht, in dem sie sechs Jahre ihres Lebens als Karola Siegel verbracht hat. Äusserlich sieht das Heim kaum anders aus als zu jener Zeit. Im Innern sind bedeutende Modernisierungen vorgenommen worden. Was aber am stärksten beeindruckt, ist der Geist, den man auf Schritt und Tritt verspürt. Da singen und spielen Kinder, und sie tun das nicht für den Besuch. Kinder können vielleicht auf Befehl artig, aber sie können nicht auf Befehl fröhlich und gelöst sein. Wir haben die Arbeiten gesehen, die sie im Handfertigkeitsunterricht gestalten – es hat wundervolle Sachen darunter. Die Zimmer – nun, die liessen jede militärische «Ordentlichkeit» vermissen, dafür fühlte man, dass sie von jungen Menschen bewohnt werden, die hier eben Menschen sein dürfen.

Der Leiter, Rudi J. Krull, hat 1967 das Wartheim zusammen mit seiner Frau, einer Kindergärtnerin, übernommen. Nachdem er in Deutschland noch eine Gärtnerlehre begonnen hatte, verliess er 1938 Deutschland und ging nach Palästina. Dort diente er in der Haganah, machte dann die Matur und studierte Lehrer. Zu Beginn der sechziger Jahre ging er zurück nach Deutschland, wo er im Albert-Schweitzer-Kinderdorf in Waldendorf ein Haus betreute und nebenbei als Lehrer in der Volksschule wirkte. Als das Kinderdorf aufgelöst wurde, kam er in die Schweiz. Rudi J. Krull ist ein berufener Erzieher, der seine pädagogische und psychologische Begabung auch theoretisch unablässig weiter ausbildet.

Es war für Ruth K. Westheimer ein starkes Erlebnis, nach mehr als einem Vierteljahrhundert wieder durch all die Räume zu gehen, in denen sie mit ihren Kameradinnen und Kameraden sechs prägende Jahre verbracht hat. Sie fand den Kontakt zu den Kindern, die aus sozial geschädigten Milieus vor allem aus der Bundesrepublik stammen, sofort. Das Erlebnis der eigenen Kindheit hat das Verständnis für alle, die nicht im Elternhaus aufwachsen können, geschärft und vertieft.

Zeitchronik

1938

4. Februar:	Hitler entlässt den Reichskriegsminister von Blomberg und den Oberbefehlshaber des Heeres von Fritsch; ebenfalls Entlassung des Reichsaussenministers von Neurath. Hitler setzt sich selber an die Spitze der Armee und ernennt Ribbentrop zum Aussenminister.
11. März:	Rücktritt des österreichischen Bundeskanzlers Schuschnigg.
13. März:	Anschluss Österreichs an Deutschland.
6.–15. Juli:	Konferenz von Evian zur Lösung der Flüchtlingsfrage. Ergebnis gleich null.
August:	Zuspitzung der sudetendeutschen Frage. Hitler droht mit Krieg.
16. September:	Der britische Premier Neville Chamberlain besucht Hitler in Berchtesgaden und nimmt dessen Forderung auf Abtretung des sudetendeutschen Gebietes an.
22.–24. September:	Chamberlain in Godesberg. Hitler fordert Anerkennung polnischer und ungarischer Gebietswünsche durch die Tschechoslowakei.
26. September:	Hitler beteuert, die Abtretung des Sudetenlandes sei seine letzte territoriale Forderung.
29. September:	Konferenz in München: Hitler, Mussolini, Chamberlain und Daladier. Das Sudetenland kommt an Deutschland. Münchner Abkommen. Chamberlain: Der Friede für eine Generation gerettet.
4. Oktober:	Der schweizerische Bundesrat stimmt dem nach monatelangen zähen Verhandlungen mit Deutschland erzielten Ergebnis zu, wonach die Pässe deutscher Juden mit einem «J» gekennzeichnet werden. Inhabern solcher Pässe ohne gültiges Einreisevisum wird der Eintritt in die Schweiz verweigert.
Oktober:	Ausgebürgerte und nicht ausgebürgerte polnische Juden – insgesamt 7000 – werden über die polnische Grenze getrieben, von den Polen aber zurückgewiesen.
7. November:	Der 17jährige polnische Jude Herschel Grynszpan erschiesst in Paris den deutschen Botschaftssekretär Ernst vom Rath.
9./10. November:	Kristallnacht. Fürchterliche Ausschreitungen gegen die Juden in Deutschland.
10. November:	Die Vereinbarung zwischen der Schweiz und dem Deutschen Reich vom 4. Oktober wird durch Notenwechsel bestätigt.
19. November:	Die Eidg. Fremdenpolizei erlaubt die Einreise von 300 Kindern aus Deutschland zum vorübergehenden Aufenthalt in der Schweiz.

1939

20. Januar:	Der Bundesrat beschliesst den Visumszwang für alle ausländischen Emigranten.
20. Februar:	Es befinden sich zwischen 10000 und 12000 Flüchtlinge in der Schweiz, davon etwa 3000 mittellose Juden, für die die schweizerische Judenschaft mit monatlich rund 250000 Franken selber aufzukommen hat.
10. Februar:	Papst Pius XI. stirbt. Eugenio Pacelli, von 1920 bis 1929 päpstlicher Nuntius in Berlin, wird als Pius XII. sein Nachfolger.
22. Februar:	Die Konferenz der kantonalen Polizeidirektoren erklärt erneut, dass die Schweiz nur Durchgangsland für Flüchtlinge sein könne, und verlangt, dass Einreisebewilligungen nur erteilt werden, wenn die Weiterwanderung gesichert sei.
15. März:	Die Tschechoslowakei verschwindet als selbständiger Staat. Protektorat Böhmen und Mähren. «Unabhängige» Slowakei unter Msgr. Tiso. Der Bundesrat beschliesst den Visumszwang für Inhaber tschechoslowakischer Pässe.
23. März:	Das Memelgebiet kommt zum Deutschen Reich.
27. März:	Allgemeine Wehrpflicht in England.
21. März:	Hitler fordert Eingliederung Danzigs ins Reich, exterritoriale Eisenbahn und Autostrasse durch den polnischen Korridor.
26. März:	Polen lehnt ab.
28. März:	Franco erobert Madrid. Ende des Bürgerkrieges in Spanien.
31. März:	Englisch-französische Garantieerklärung für Polen.
April:	Anfang April erteilt Hitler Weisungen an die Wehrmacht für den Fall eines Krieges mit Polen.
7. April:	Italien überfällt Albanien.
13. April:	Englisch-französische Garantieerklärung für Griechenland und Rumänien.
14. April:	Präsident Roosevelt fordert Hitler und Mussolini auf, keine weiteren Gewaltakte mehr zu begehen. Schlägt internationale Konferenz vor. Ohne Erfolg.
28. April:	Hitler kündigt deutsch-englisches Flottenabkommen von 1935 und deutsch-polnischen Vertrag von 1934.
22. Mai:	Militärbündnis zwischen Deutschland und Italien (Stahlpakt).
19./20. Juni:	Laut Erklärung des Intergouvernementalen Komitees für die Flüchtlingshilfe in London befinden sich von den 150000 jüdischen Flüchtlingen aus Deutschland 52000 in England, 30000 in Frankreich, 25000 in Polen, 12000 in Belgien, 10000 in der Schweiz, 5000 in skandinavischen Staaten.

23. August:	Deutsch-sowjetischer Nichtangriffspakt. Deutschland erklärt sich uninteressiert an Estland, Lettland, Finnland, Bessarabien und den Gebieten Polens östlich der Flüsse Pissa, Narew, Weichsel, San; die Sowjetunion überlässt Polen westlich dieser Flüsse und Litauen Hitler.
25. August:	Englisch-polnisches Bündnis.
1. September:	Die deutschen Armeen dringen ohne Kriegserklärung in Polen ein.
3. September:	England und Frankreich erklären Deutschland den Krieg.
5. September:	Der Bundesrat beschliesst die allgemeine Visumspflicht für Ausländer, sowohl für die Ein- wie für die Durchreise. Die Grenzkontrolle wird verschärft. Es befinden sich noch zwischen 7000 und 8000 Flüchtlinge in der Schweiz.
17. September:	Die Sowjetunion besetzt Ostpolen.
19. September:	Auseinandersetzung im Nationalrat: Maag-Socin, Zürich, und Rittmeyer, St. Gallen, kritisieren das rigorose Vorgehen der Fremdenpolizei gegen illegal eingereiste Flüchtlinge, die zum Teil wieder an die Grenze gestellt werden. Stöckli dagegen verlangt, dass Emigranten sich nicht in grösseren Städten und Grenzorten aufhalten dürfen. Unterstützungsbedürftige Flüchtlinge sollten in Arbeitslagern beschäftigt werden.
27. September:	Kapitulation vor Warschau.
1. Oktober:	Ende des polnischen Widerstandes. Aufteilung Polens zwischen Deutschland und der Sowjetunion. Generalgouvernement. Unterdrückung der Polen; Verfolgung und Ausrottung der Juden.
17. Oktober:	Bundesratsbeschluss, Ausländer, die rechtswidrig in die Schweiz kommen, ohne weiteres ins Herkunftsland «auszuschaffen», mit Ausnahme der Deserteure und der als politische Flüchtlinge anerkannten Personen. Aus Rassegründen geflüchtete Personen werden nicht als politische Flüchtlinge anerkannt.
30. November:	Beginn des Krieges zwischen der Sowjetunion und Finnland.

1940

11. Februar:	Deutsch-sowjetisches Wirtschaftsabkommen.
12. März:	Der Bundesrat beschliesst die Errichtung von Arbeitslagern.
9. April:	Deutscher Angriff auf Dänemark und Norwegen. Dänemark ergibt sich kampflos. Norwegen erklärt Deutschland den Krieg. Es kapituliert am 9. Juni. Vidkun Quisling arbeitet mit der Besetzungsmacht zusammen.

10. Mai:	Englische Landung auf Island und den Färöer-Inseln. Die USA besetzen Grönland. Winston Churchill wird englischer Premierminister. Bildung eines Koalitionskabinetts. Attlee Vizepremier. Die Wehrmacht greift Holland, Belgien, Luxemburg und Frankreich an. Zahlreiche Schweizer verziehen sich in Richtung Innerschweiz.
14. Mai:	Rotterdam wird bombardiert. Holland kapituliert. Holländische Exilregierung in London.
17. Mai:	Brüssel wird zur Offenen Stadt erklärt und den Deutschen übergeben. Der Bundesrat verschärft seinen Beschluss vom 17. Oktober 1939, wonach illegal eingereiste Ausländer jederzeit und ohne Rekursmöglichkeit ausgewiesen werden können. Die Verfügung, nach der eine Internierung nicht länger als zwei Jahre dauern darf, wird aufgehoben. Bemittelten Flüchtlingen können die Kosten der Internierung überbunden werden.
28. Mai:	Belgien kapituliert. Leopold III. wird Kriegsgefangener. Belgische Exilregierung in London.
10. Juni:	Italien erklärt Frankreich den Krieg.
14. Juni:	Paris fällt.
16. Juni:	Bericht des Generals an den Bundesrat, es sei unmöglich, die von den Deutschen in die Flucht geschlagene französische Zivilbevölkerung in der Schweiz aufzunehmen.
16./17. Juni:	Das neue französische Kabinett unter Pétain ersucht um einen Waffenstillstand.
18. Juni:	Kreisschreiben des Eidg. Justiz- und Polizeidepartementes an die kantonalen Polizeidirektionen: Militärpersonen werden durch die Armee entwaffnet und interniert; Zivilflüchtlinge sind zurückzuweisen mit Ausnahme von Frauen und Kindern bis zu sechzehn Jahren sowie Männern über sechzig Jahren und Invaliden.
19. Juni:	Der General erlässt einen Befehl, wonach auch Angehörige von Arbeitsdetachementen als Zivilpersonen zurückzuweisen sind, sofern sie nicht unter Bedrohung des Feuers verfolgender Truppen stünden.
19./20. Juni:	40 000 französische Militär- und 7500 Zivilpersonen werden in der Schweiz aufgenommen.
22. Juni:	Waffenstillstand in Frankreich. Deutschland besetzt den grössern Teil des Landes. Im Süden wird die Vichy-Regierung gebildet. Marschall Pétain wird am 10. Juli Staatsoberhaupt von Restfrankreich. De Gaulle wird «Führer aller freien Franzosen».

25. Juni:	Die Bundesräte Pilet-Golaz, Etter und Velio verlesen ihre umstrittene Rede, in der viel von «Anpassung» an die neue Situation die Rede ist.
12. Juli:	Das EJPD erlässt eine Verfügung zur lückenlosen Erfassung aller Flüchtlinge und Emigranten in der Schweiz.
27. September:	Dreimächtepakt Deutschland, Italien, Japan auf zehn Jahre zur Herstellung der «neuen Ordnung» in Europa und Ostasien.
28. Oktober:	Italien greift Griechenland an. Griechenland verteidigt sich erfolgreich und besetzt einen Teil Albaniens im Winterfeldzug 1940/1941.
15. November:	Dr. F. T. Wahlen entwickelt in Zürich seinen Anbauplan, der sofort vom ganzen Volk als Akt des Widerstandes verstanden und begrüsst wird.
13. Dezember:	Der Bundesrat beschliesst die teilweise Schliessung der Grenze.
	Auf italienischen Vorstoss in Afrika erfolgt englischer Gegenangriff, der zur Eroberung der Küste der Cyrenaika führt. Italien bittet Deutschland um Hilfe.

1941

Januar:	Krieg in Afrika.
Februar:	Bildung des Deutschen Afrikakorps unter Rommel.
1. März:	Anschluss Bulgariens an die Achsenmächte.
11. März:	Pacht- und Leihgesetz in den USA. Kriegsmaterial und Versorgungsgüter an England.
18. März:	Bundesratsbeschluss: Wohlhabende Flüchtlinge werden zu einem Solidaritätsbeitrag an ihre mittellosen Schicksalsgenossen verpflichtet.
27. März:	Nach Beitritt Jugoslawiens zum Dreimächtepakt Militärputsch in Belgrad; Sturz der achsenfreundlichen Regierung.
5. April:	Freundschafts- und Nichtangriffspakt zwischen der Sowjetunion und Jugoslawien.
6. April:	Deutscher Angriff auf Jugoslawien und Griechenland.
7. April:	Weisung der Polizeiabteilung betreffend polnische Kriegsgefangene, die an der Schweizer Grenze eintreffen: «Alle Juden sind ohne weiteres zurückzuweisen.»
10. April:	Kroatien wird «unabhängiger» Staat.
11. April:	Ungarn tritt an der Seite der Achsenmächte in den Krieg ein.
13. April:	Japanisch-sowjetischer Neutralitätspakt.
17. April:	Jugoslawien kapituliert. Partisanenbewegung.
23. April:	Griechenland kapituliert; Exilregierung in England.

6. Mai:	Stalin wird Ministerpräsident.
22. Juni:	Angriff Deutschlands auf die Sowjetunion. Auf deutscher Seite treten in den Krieg ein: Rumänien, Ungarn, Slowakei, Finnland, Italien.
12. Juli:	Bündnis zwischen der Sowjetunion und England.
2. August:	Hilfe der USA an die Sowjetunion beginnt.
14. August:	Verkündung der Atlantik-Charta durch Roosevelt und Churchill. Vormarsch der deutschen Truppen auf breiter Front in der Sowjetunion.
September:	Angriff auf das Donezbecken. Eroberung der Krim.
Oktober:	Angriff auf Moskau. Hitler wird Oberbefehlshaber der Wehrmacht. Der Angriff auf Moskau scheitert. Im besetzten Gebiet beginnen Partisanenkämpfe.
30. November:	Beginn der sowjetischen Gegenoffensive.
7. Dezember:	Japans Überfall auf Pearl Harbour.
8. Dezember:	Kriegserklärung Englands und der USA an Japan.
11. Dezember:	Deutschland und Italien erklären den USA und England den Krieg.
15. Dezember:	Einführung der allgemeinen Wehrpflicht in den USA.

1942

1. Januar:	Vertrag von Washington: 26 im Krieg gegen die Achsenmächte stehende Staaten verpflichten sich, keinen Sonderwaffenstillstand abzuschliessen. Die Japaner erobern grosse Gebiete in Asien.
26. Mai:	Sowjetisch-englischer Vertrag: Zusammenarbeit auf 20 Jahre. – Attentat auf Heydrich in Prag. Als Racheakt wird darauf am 10. Juni das Dorf Lidice zerstört und alle männlichen Bewohner niedergemetzelt.
30. Mai:	Luxemburg ins Reich eingegliedert. Die Lage der Juden in den deutschbesetzten Gebieten wird immer schlimmer. Die Deportationen beginnen im Frühjahr in grossem Ausmass. Dr. med. Rudolf Bucher, Teilnehmer einer Schweizer Ärztemission an der Ostfront, berichtet dem Bundesrat und in Vorträgen über seine Wahrnehmungen in bezug auf die systematische Vernichtung der Juden im Osten. Immer häufiger berichten schweizerische Zeitungen – gegen den Widerstand der Zensur – über die Deportationen. Der Zudrang von Flüchtlingen an die Schweizer Grenze verstärkt sich. Im April werden 100, im Mai 132, im Juli 248 Flüchtlinge aufgenommen.

29. Juli:	Bericht Dr. R. Jezlers, Adjunkt von Dr. Heinrich Rothmund, an den Bundesrat über die Situation im Flüchtlingswesen. Er weist auf die grässlichen Zustände in den Judenbezirken des Ostens hin, die eine Zurückweisung von Flüchtlingen an unserer Grenze nicht mehr verantworten lassen. Gleichzeitig empfiehlt er eine wieder härtere Rückweisungspraxis.
4. August:	Der Bundesrat beschliesst im Sinne von Jezlers Empfehlung, «auch wenn den davon betroffenen Ausländern ernsthafte Nachteile (Gefahr für Leib und Leben) erwachsen können».
13. August:	Rothmund erlässt – in Abwesenheit Bundesrat von Steigers – die bekannte Weisung, sämtliche Zivilflüchtlinge an der Grenze zurückzuweisen. Der rigoros gehandhabte Befehl wird bald bekannt und löst heftige Proteste in der Öffentlichkeit aus.
20.–25. August:	Kurz nach Interventionen von allen Seiten – u. a. fährt Gertrud Kurz in Begleitung von Paul Dreyfus-de-Günzburg zu Bundesrat von Steiger auf den Mont Pélerin – werden die Weisungen Rothmunds stark gemildert.
30. August:	In Zürich-Oerlikon findet eine von 8000 Personen besuchte schweizerische Landsgemeinde der Jungen Kirche statt. Bundesrat Eduard von Steiger spricht hier vom «vollen Boot». Pfarrer Walter Lüthy greift die Flüchtlingspolitik des Bundesrates heftig an.
September:	Der Kampf um Stalingrad beginnt.
11./12. September:	Konferenz der kantonalen Polizeidirektoren. Sie stehen der Unterbringung von Flüchtlingen in ihren «Hoheitsgebieten» und finanzieller Beihilfe meist ablehnend gegenüber.
22./23. September:	Grosse Flüchtlingsdebatte im Nationalrat. Während die bürgerlichen Fraktionen den Bundesrat unterstützen, greifen sechs Redner – neben sozialdemokratischen auch der Demokrat Maag-Socin, Zürich, der Freisinnige Rittmeyer, St. Gallen, der Unabhängige Walter Muschg – die Regierung heftig an.
26. September:	Die Aufnahmepraxis an der Grenze wird erneut verschärft: «Flüchtlinge aus Rassegründen sind keine politischen Flüchtlinge», und: «Ausnahmslos zurückzuweisen sind französische Juden, da sie in ihrem Heimatland nicht gefährdet sind.»
Oktober:	Englische Gegenoffensive in Nordafrika. Italiener und Deutsche müssen die Cyrenaika räumen.
9. Oktober:	Die Schweizer Armee verstärkt die Grenzbewachung im Westen. Im September wurden noch 3800 Flüchtlinge hereingelassen, im Oktober nur noch die Hälfte.
	Die Polizeiabteilung trifft mit den kirchlichen Behörden ein Abkommen, wonach diese ihr periodisch Namen von promi-

	nenten Persönlichkeiten unterbreiten dürfen, die dann, wenn sie an der Grenze eintreffen, nicht zurückgewiesen werden sollen.
8. November:	Englisch-amerikanische Landung in Marokko und Algerien.
11. November:	Die Deutschen besetzen Vichy-Frankreich.
	Der Vaterländische Verband veröffentlicht eine «Aufklärungsschrift über die Flüchtlingsfrage», die eindeutig antisemitischen Charakter trägt.
	Die Berichte über die Grausamkeiten an Juden im Osten häufen sich.
	Eine Sammlung zugunsten der Flüchtlinge ergibt 1,5 Millionen Franken.
Ende November:	Durchstoss der Roten Armee bei Stalingrad. Die Paulus-Armee wird eingeschlossen. Hitler verbietet deren Ausbruch.
17. Dezember:	In den Parlamenten Englands, der USA und der Sowjetunion werden gleichlautende Erklärungen über die Massenmorde an den Juden verlesen.
29. Dezember:	Erneute Verschärfung der Flüchtlingspraxis ab der Schweizer Grenze.

1943

14.–21. Januar:	Konferenz von Casablanca. Roosevelt und Churchill fordern bedingungslose Kapitulation der Achsenmächte.
31. Januar:	Kapitulation von Stalingrad. Endgültige Wende des Krieges zugunsten der Alliierten. 90 000 gefangene Wehrmachtsoldaten.
April–Juni:	Zerstörung des Warschauer Gettos. 50 000 Juden getötet.
3. Mai:	Kapitulation in Tunis. 252 000 Deutsche und Italiener in Gefangenschaft.
9. Mai:	Protest der baselstädtischen Kirchensynode gegen die ständigen Rückweisungen von Flüchtlingen an der Schweizer Grenze.
15. Mai:	Auflösung der Kommunistischen Internationale.
Juni:	Der Nationalrat kritisiert erneut die Flüchtlingspolitik des Bundesrates.
9./10. Juni:	Eroberung Siziliens durch die Alliierten.
24./25. Juli:	Umsturz in Italien. Mussolini verhaftet. Badoglio bildet neue Regierung. Ende des Faschismus.
8. September:	Bekanntgabe des am 3. September unterzeichneten Waffenstillstandes mit Italien. König und Kronprinz fliehen zu den Alliierten. Die Deutschen besetzen Rom.

12. September:	Befreiung Mussolinis. Ausrufung der Sozialen Republik Italien unter Mussolini. Abgefallene Faschistenführer, unter ihnen Mussolinis Schwiegersohn, Graf Ciano, werden erschossen. In Asien gehen die Amerikaner zur Offensive gegen die Japaner über.
13. Oktober:	Italien erklärt Deutschland den Krieg. Die Judenverfolgungen im deutschbesetzten Italien nehmen zu. Der Bundesrat mildert die Massnahmen an den Grenzen. Von Ende September bis Ende 1943 kommen gegen 28 000 Militär- und Zivilflüchtlinge aus Italien in die Schweiz.
November/ Dezember:	Konferenz von Teheran zwischen Roosevelt, Churchill und Stalin. Zweite Front beschlossen. – Der Luftkrieg gegen Deutschland wird immer rigoroser. Alle grossen Städte werden systematisch bombardiert.

1944

Januar:	Rote Armee überschreitet ehemalige polnische Grenze.
März:	Landungen der Alliierten in Italien. Beginn des alliierten und des chinesischen Angriffs in Burma. Wiedereröffnung der Burmastrasse nach China. Der Bundesrat erklärt sich bereit, 14 000 Juden aus Ungarn in der Schweiz aufzunehmen.
6. Juni:	Landung der Alliierten in Nordfrankreich.
20. Juli:	Attentat auf Hitler misslungen.
15. August:	Landung der Alliierten an der französischen Mittelmeerküste.
21. August:	318 ungarische Juden treffen in der Schweiz ein.
25. August:	Befreiung von Paris.
August/ September:	Konferenz von Dumbarton Oaks: England, USA, Sowjetunion und China schlagen Gründung der Vereinten Nationen anstelle des Völkerbundes vor.
3. November:	Rothmund interveniert bei den deutschen Behörden gegen die Deportationen und erklärt sich bereit, weitere Juden aufzunehmen. Alt Bundesrat Musy verhandelt mit den Deutschen über die Rettung von Juden. Kriegsverbrechern soll kein Asyl gewährt werden.
7. November:	Roosevelt wird zum vierten Mal Präsident der USA.
1. Dezember:	100 000 Flüchtlinge in der Schweiz.
7. Dezember:	Es treffen 1552 jüdische Flüchtlinge in der Schweiz ein.

1945

4.–11. Februar:	Konferenz von Jalta mit Roosevelt, Churchill und Stalin.
6. Februar:	Der Bundesrat interveniert bei der deutschen Regierung gegen die Massenvernichtung von Juden.
12. April:	Tod Roosevelts.
28. April:	Waffenstillstand in Italien. Kapitulation am 2. Mai. Partisanen erschiessen Mussolini in der Nähe von Como.
30. April:	Selbstmord Hitlers. Admiral Dönitz zum Nachfolger Hitlers bestimmt.
7./8. Mai:	Kapitulation der gesamten deutschen Wehrmacht.
26. Juni:	Gründung der Vereinten Nationen (UNO). 50 Staaten unterzeichnen die Charta der Vereinten Nationen.
7. Juli–2. August:	Konferenz von Potsdam: Truman, Churchill (ab 29. Juli Attlee) und Stalin. Europa wird neu aufgeteilt.
6. August:	Erste Atombombe auf Hiroshima.
8. August:	Sowjetunion erklärt Japan den Krieg.
9. August:	Zweite Atombombe auf Nagasaki.
2. September:	Japan kapituliert.

Der Zweite Weltkrieg forderte 55 Millionen Tote, 35 Millionen Verwundete, 3 Millionen Vermisste. Kriegskosten 1500 Milliarden Dollar.